W. J. Ouweneel / H. P. Medema

Trennung, Scheidung, Wiederheirat

Rat und Hilfe in notvollen Situationen

W.J. Ouweneel/H.P. Medema

Trennung, Scheidung, Wiederheirat

Rat und Hilfe in notvollen Situationen

Christliche Verlagsgesellschaft
Dillenburg

Die Bibelstellen sind nach der »Elberfelder Übersetzung« in nicht revidierter Fassung angeführt.

ISBN 3-89436-304-5

Titel der Originalausgabe: Echtscheiding en Hertrouwen

Übersetzung aus dem Holländischen: Werner Mücher, Gummersbach
Satz: Enns Schrift & Bild, Bielefeld
Titelgestaltung: Eberhard Platte, Wuppertal
Druck: Elsnerdruck, Berlin

Printed in Germany

Inhalt

Vorwort zur holländischen Ausgabe

Sie haben ein Buch über ein schwieriges Thema in der Hand. Es wird zweifellos keine leicht verdauliche Lektüre sein. Es war auch nicht leicht, dieses Buch zu schreiben. Dass es trotzdem zustande gekommen ist, hat viel mit der Not der Zeit zu tun, in der wir leben; sie brachte die beiden Autoren zu der Überzeugung, dass dieses Buch unbedingt geschrieben werden müsste.

Wegen des besonderen Schwierigkeitsgrades des Themas ist dieses Buch bereits in einer früheren Version in den Händen einer ungewöhnlich großen Anzahl von Brüdern in Christus gewesen. Dass ihre Namen nicht genannt werden, vermindert nicht die Erkenntlichkeit der Autoren ihnen gegenüber. Wir haben dankbar von ihren Vorschlägen Gebrauch gemacht.

Der holländische Herausgeber

Vorwort zur deutschen Neuauflage

Nachdem die erste Auflage des Buches Thema »Trennung, Scheidung, Wiederheirat« seit einigen Jahren vergriffen ist, legen wir die Abhandlung nun in überarbeiteter Form als Taschenbuchausgabe vor. Die Autoren lassen zu diesem schwierigen und leider aktuellen Thema die Bibel sprechen, was auch heute nicht weniger dringlich ist als vor 10 Jahren. In immer stärker werdendem Maße werden die Eckpfeiler christlicher Moral und Grundsätze bezüglich einer der herrlichsten Einrichtungen, die Gott uns Menschen geschenkt hat, der Ehe, umgerissen. Der daraus resultierende Schaden in Familie und Gesellschaft wächst stetig weiter. Unzählige Kinder haben die schrecklichen Folgen zerbrochener Ehen schon zu spüren bekommen. Auch die Gemeinden werden zunehmend mit diesem Problem konfrontiert.

Den Autoren ist es wichtig, die Wahrheit des Wortes Gottes in diesen Fragen zur Sprache zu bringen, die Wahrheit, die uns frei macht (vgl. Johannes 8,32). Mit ihnen haben wir den Wunsch, dass sich unsere Brüder und Schwestern in Christus auf diese Wahrheit neu besinnen, damit in Zukunft mehr Schaden und notvolles Erleben von den Familien der Gläubigen und den Gemeinden, in denen sie zu Hause sind, abgewendet werden kann.

Teil 1 und Teil 3 (der holländischen Ausgabe) stammen aus der Feder von H. P. Medema (geb. 1950, Jurist, Verleger und Publizist); den Hauptteil (Teil 2) schrieb Dr. W. J. Ouweneel (geb. 1944, Autor zahlreicher Bücher zum Themenkreis Bibel und Wissenschaft).

Das dritte Kapitel wurde im Zuge der Neuherausgabe noch einmal völlig überarbeitet und in den juristischen Fragen der aktuellen Rechtslage in Deutschland angeglichen.

Der deutsche Herausgeber *Februar 2002*

1. Die Ehe hat keinen Notausgang

Johannes und Margret, beide Christen, bewohnen ein schönes Haus im Außenbezirk einer Provinzstadt. Doch was innerhalb dieses Hauses geschehen ist, ist weniger schön. Von einem liebevollen ehelichen Zusammenleben kann keine Rede mehr sein. Margret fühlt sich nach wiederholter grober körperlicher Gewaltanwendung sogar so bedroht, dass sie einen Rechtsanwalt aufgesucht hat, um sich scheiden zu lassen.

Auch Bernd und Rita sind Christen. Für längere Zeit nahmen sie sogar treu am kirchlichen Leben teil. Doch dann ergaben sich allmählich Schwierigkeiten. Bernd hat es weit gebracht im Geschäftsleben, er ist Direktionsmitglied einer großen Firma. Doch nach einer Affäre mit einer Sekretärin hat Rita ein Gerichtsverfahren angestrengt. Bernd wohnt nun getrennt in einer Etagenwohnung; die drei Kinder sind noch bei Rita.

Jakob und Lisa suchen einen Bruder ihrer örtlichen Glaubensgemeinschaft auf und erbitten von ihm Rat. Beide waren vor ihrer Bekehrung mit jemand anders verheiratet. Beide Ehen endeten mit Scheidung. Ihre früheren Partner sind noch immer ungläubig. Nun haben sie sich kennen gelernt: Dürfen sie einander heiraten? Was sagt die Bibel dazu?

Wilhelm und Maria sind schon etwas älter. Sie haben sich einer Glaubensgemeinschaft angeschlossen, wo sie gerne am Abendmahl teilnehmen möchten. Es entstehen große Probleme innerhalb dieser Glaubensgemeinschaft, nachdem bekannt geworden ist, dass die beiden Eheleute bereits früher mit einem anderen Partner verheiratet waren, doch dann geschieden wurden. Dürfen Wilhelm und Maria am Abendmahl teilnehmen?

Das sind vier Fälle, die sich kürzlich ereignet haben, und alle vier inmitten von »bibeltreuen« Christen. Man könnte leider noch viele Fälle hinzufügen. Die Frage, ob ein Buch über Ehescheidung und Wiederheirat nötig ist, ist damit sicher hinreichend beantwortet. Auch in bibeltreuen Kreisen in Deutschland und darüber hinaus kommt es immer häufiger zu Ehescheidungen.

Der Leser dieses Buches

Und doch ist dieses Buch nicht geschrieben für Johannes und Margret, Bernd und Rita, Jakob und Lisa, Wilhelm und Maria oder für irgendein anderes Ehepaar, das vor den Trümmern einer zerbrochenen Ehe steht. Wenn jemand dieses Buch in die Hände bekommt, während er oder sie sich selbst in solch einer Situation befindet, kann man die Frage stellen, ob es vernünftig ist, dieses Buch überhaupt zu lesen. Unter solchen Umständen sollte man keine Erörterung über Ehe und Ehescheidung durcharbeiten. Was solche brauchen, ist seelsorgerliche Hilfe eines zuverlässigen, erfahrenen Seelsorgers. Das können vielleicht Gläubige in der örtlichen Glaubensgemeinschaft sein, die den Dienst von Ältesten ausüben; das kann auch jemand sein, der am Wort dient, auch ein christlicher Arzt oder sonst ein Seelsorger. Und wer doch unbedingt etwas lesen will, dem empfehlen wir zum Beispiel das Buch von Ed Wheat, Liebe ist Leben, besonders das Kapitel »Wenn Sie allein um Ihre Ehe kämpfen«, S. 207-246.[1]

Weshalb ist dieses Buch denn keine geeignete Lektüre für Menschen, die selbst Eheprobleme haben? Erstens weil es sehr schwierig ist, in solch einer Situation objektiv und nüchtern zu denken. Auf den folgenden Seiten wird eine Abhandlung über die Unauflösbarkeit der Ehe und eventuelle Gründe zur Ehescheidung gegeben. Nun, es ist beinahe unmöglich, so etwas ohne die gefärbte Brille der eigenen Ehesituation zu lesen. Die Ehe ist eine derart tiefgreifende Lebensverbindung zwischen zwei Menschen, dass damit die gesamte Existenz, das tiefste Wesen beider Ehepartner, verbunden ist. Körperlich, psychisch, wirtschaftlich, juristisch, moralisch und religiös (um nur einige Aspekte zu nennen) werden zwei Menschen in einer Ehe aufs engste zusammengeschmiedet. Wenn in diesem Band Risse entstehen, ist es fast unmöglich, mit kühlem Abstand, objektiv und analysierend darüber nachzudenken.

Außerdem (und das ist der zweite Grund, weshalb dieses Buch keine geeignete Lektüre für Menschen mit Eheproblemen ist) ist es auch gar nicht gut zu versuchen, objektiv über Ehe und Ehescheidung nachzudenken, wenn man sich selbst in einer solchen Situation befindet. Es geht dann nicht darum, eine saubere theoretische Sicht zu entwickeln, sondern die Probleme müssen gelöst werden und dazu müssen andere Wege eingeschlagen werden: Selbsteinkehr, Bekenntnis von Sünden gegenüber Gott und voreinander, aufs Neue beginnen – zweifellos mit Hilfe anderer – zusammen miteinander und zusammen mit dem Herrn.

Für wen ist dieses Buch denn dann geschrieben? Für Gläubige, die Hirtendienste ausüben, die Gott in seiner Gemeinde gegeben hat und die berufen sind, sich mit solchen Problemsituationen zu beschäftigen. Das können solche sein, die am Wort dienen, oder Älteste oder auch einfach Brüder und Schwestern, die in ihrer nächsten Umgebung hiermit konfrontiert werden. Dazu gehören auch die Eltern und Familienangehörigen der betroffenen Eheleute. Und in Glaubensgemeinschaften, in denen Zuchtfälle bezüglich Ehescheidung anstehen, ist es in letzter Instanz die gesamte Gemeinde, die sich vor dem Angesicht Gottes fragen muss, wie hier gehandelt werden muss.

Die Bedeutung einer rechten biblischen Seelsorge sollte von niemand unterschätzt werden. Wer, wie die Schreiber dieses Buches, in der Praxis hiermit zu tun bekommen hat, weiß, dass das Wasser immer zur tiefsten Stelle läuft: Menschen, die in Problemen stecken, neigen dazu, schließlich den Seelsorger aufzusuchen, der in ihren Augen den »günstigsten« Rat gibt. Wo man Recht bekommt oder wo z. B. der Rat gegeben wird, sich scheiden zu lassen, »weil doch nichts mehr zu machen ist«, da hört man am liebsten zu. Viele Ehepaare sind auseinander gegangen, während ihre Ehe vielleicht doch zu retten gewesen wäre – und das nur, weil sie an den verkehrten Seelsorger gerieten.

Die Schrift und die Seelsorge

»Eine Ehe zerbricht mehr durch eine schmerzliche Fortsetzung als durch eine notwendige Scheidung«, schrieb John Milton 1643.[2] In demselben Sinn hat sich die Generalsynode der Reformierten Kirchen in den Niederlanden am 29. April 1970 geäußert: »In ihrer Belehrung zeigt die Schrift, dass aufgrund unserer Sündigkeit eine Situation entstehen kann, in der Ehescheidung unausweichlich ist. Kennzeichnend für eine derartige Situation ist, dass durch anhaltende völlige Zerrüttung die Fortsetzung der Ehe unmöglich geworden ist.« Die Berufung auf »die Schrift« ist hier bemerkenswert. Wir werden in diesem Buch gerade die Unauflösbarkeit der Ehe aufgrund derselben göttlichen Offenbarungsquelle, der

Bibel, zu zeigen versuchen. Doch wenn das auf eine vernünftige Weise möglich sein soll, dann müssen wir uns zuerst darüber einig sein, dass die Schrift in dieser Sache die einzige Autoritätsnorm ist. Wenn durch sorgfältiges Erforschen der Schrift deutlich würde, dass die Ehe in keinem einzigen Fall, außer bei Hurerei durch den anderen Partner, beendet werden kann (viele vertreten diese Meinung), dann muss das auch das Ende allen Widerspruchs sein und dann müssen wir als Seelsorger in den Fällen, in denen von Hurerei keine Rede ist, auch zu den Ehepartnern sagen: Ihr könnt euch nicht scheiden lassen (beziehungsweise wieder heiraten). Wenn durch sorgfältiges Erforschen der Schrift deutlich würde, dass es überhaupt keine Situation gibt, durch die nach Gottes Maßstäben die Ehe zu Lebzeiten der Ehepartner enden kann (das ist die Auffassung, die wir in diesem Buch vertreten werden), dann müssen wir auch zu Menschen mit Eheproblemen sagen, dass von Ehescheidung (und eventueller Wiederheirat) unter keinen Umständen die Rede sein kann.

Es kann manchmal sehr hart erscheinen, so etwas sagen zu müssen, wenn wir die herzzerreißenden Berichte einer völlig zerbrochenen Ehe zu hören bekommen. Es scheint dann häufig viel barmherziger, wenn man sagt: Hier ist alles so zerrüttet, dass eine Ehescheidung noch die einzige Lösung ist. Doch es ist unsere feste Überzeugung und damit der

Ausgangspunkt dieses Buches, dass alle Normen Gottes *Gesetze zum Leben* sind (vgl. 5Mo 32,47). Wenn die Schrift als einzigen Weg das Verheiratetbleiben zeigt, müssen wir uns der göttlichen, autoritativen Norm unterwerfen; und wir tun auch am besten daran, denn nur das kann Heilung bringen. Wir dürfen darin nicht weiser sein wollen als Gott.

Wir gehen daher in diesem Buch davon aus, dass der Leser sich bedingungslos dem Gehorsam des Christus der Schriften unterwerfen will (2Kor 10,5). Wer von vornherein Bedenken dagegen hat, wird sich zweifellos häufig über die Beweisführung ärgern; vielleicht ist es dann das Beste, das Buch schon jetzt beiseite zu legen.

Niemals Scheidung

Seit 1977 sind die gesetzlichen Möglichkeiten für eine Ehescheidung bedeutend erweitert worden. Nach den Angaben des Statistischen Bundesamtes in Wiesbaden hat sich die Zahl der Eheschließungen in der Bundesrepublik Deutschland wie folgt entwickelt:

	Eheschließungen	Ehescheidungen
1960	521 445	48 878
1971	432 128	80 444
1977	358 487	74 658
1986	372 112	122 443

Die Zahl der Eheschließungen ist also beträchtlich zurückgegangen (wenn auch mit leicht steigender Tendenz in den letzten beiden Jahren), während sich die Zahl der Scheidungen weit mehr als verdoppelt hat. Dabei hat sich der Anteil der Ehescheidungen an den Eheauflösungen (durch Tod und Scheidung) von 14,2 % in 1960 auf 29,5 % mehr als verdoppelt.

In einem solchen geistigen Klima mutet die Behauptung, dass die Ehe unauflösbar ist, ziemlich weltfremd an. Und doch ist das genau das, was wir in diesem Buch mit Nachdruck darlegen wollen: eine juristische Scheidung, ausgesprochen durch den bürgerlichen Richter, beendet vor Gott die Ehe nicht. Vor dem Gesetz ist es möglich, eine Ehe aufzulösen, nach Gottes Normen darf das nicht sein: »Denn ich hasse Entlassung, spricht der HERR« (Mal 2,16). Nach Gottes Normen ist das auch gar nicht möglich. Eine Ehe bleibt so lange bestehen, wie beide Partner leben.

Das alles wird sogleich ab Kapitel 2 in Einzelheiten dargelegt werden. Doch durch die Bäume und Sträucher der Besonderheiten in der Auslegung, die dann zur Sprache kommen, laufen wir Gefahr, vielleicht den Wald nicht mehr zu sehen. Wir wollen uns daher zuerst einmal eine Karte von »dem Wald« anlegen.

Wir stellen erst einmal fest, dass es bei den lehrmäßigen Meinungsverschiedenheiten unter bibeltreuen Christen lediglich um Randfragen geht. Es wird in Kapitel 2 hauptsächlich um vier kleine Wörter in Matthäus 5,32 (»außer aufgrund von Hurerei«) und um drei kleine Wörter in Matthäus 19,9 (»nicht wegen Hurerei«) gehen. Das ist ein winziger Teil der biblischen Belehrung über Ehe und Ehescheidung. Wer daraus gegen den Geist der großen Linie der Schrift eine Ausnahmesituation ableiten will, um sich doch scheiden lassen zu können, möge sich das zehnmal überlegen; und danach mag er sich das noch hundertmal überlegen, wenn die vielen exegetischen Fußangeln und Fallen, die damit verbunden sind, in sein Gesichtsfeld getreten sind.

Es ist eigentlich sehr schade, dass bei vielen der Eindruck entstanden ist, als gehe es bei den Fragen betreffs Ehescheidung und Wiederheirat um eine äußerst komplizierte Problematik. Zu vielen Ehescheidungen ist es schließlich doch nur gekommen, weil die betreffenden Seelsorger dachten: Wir können letztlich nicht entscheiden, wie wir die Bibel in diesem Punkt verstehen müssen; es gibt so viele Meinungsverschiedenheiten darüber, und es ist so kompliziert, dass wir doch einen »praktischen« Rat geben müssen. So ist es aber bestimmt nicht! Die Einzelheiten der Auslegung von (z. B.) Matthäus 19 und 1. Korinther 7 sind interessant und schwierig genug; wir kommen darauf ausführlich zurück. Doch die Hauptlinie der Schrift ist sehr deutlich: sich niemals scheiden lassen!

Eine Schöpfungseinrichtung

Als der Herr Jesus mit einer Frage über Ehescheidung konfrontiert wurde, ging diese Frage eigentlich auf eine Meinungsverschiedenheit über die jüdische Tradition zurück. Doch über diese Tradition und sogar über das Gesetz Moses hinaus wies der Herr auf den Anfang, auf die Schöpfungsordnung Gottes hin: »Habt ihr nicht gelesen, dass der, welcher sie schuf, von Anfang sie Mann und Frau schuf und sprach: ›Um deswillen wird ein Mensch Vater und Mutter verlassen und seiner Frau anhangen, und es werden die zwei *ein* Fleisch sein‹; so dass sie nicht mehr zwei sind, sondern *ein* Fleisch? Was nun Gott zusammengefügt hat, soll der Mensch nicht scheiden« (Mt 19,4-6; Hervorh. vom Autor). Die Ehe ist eine Einrichtung der Schöpfung. Sie ist keine Erscheinung, die durch die Kultur unserer Zeit oder einer früheren Zeit bestimmt wird. Sie ist auch nicht ein Produkt des eingewurzelten Geschlechtstriebes, der von dem entwickelten *homo sapiens* in einen formell juristischen Rahmen eingebettet worden ist, wie das evolutionistisch gefärbte Denken unserer Zeit behauptet. Nein, die Ehe ist von Gott als eine der Ordnungen für diese Schöpfung eingerichtet worden.

Für viele wiedergeborene Christen scheint das vielleicht das Einrennen einer offenen Tür zu sein. Und doch ist es das nicht: Es wird oft nicht klar gesehen, dass dies äußerst wichtige Konsequenzen hat.

Zuerst einmal folgt daraus, wie bereits früher gesagt, dass kein einziger Gesetzgeber über die Ehe als solche, als Schöpfungseinrichtung Gottes, etwas zu sagen hat. Natürlich muss es auch einen juristischen Rahmen geben, in dem die Ehe einen Platz bekommt, und deshalb ist es an sich eine gute Sache, dass unser Gesetzgeber Regelungen für die Ehe im Bürgerlichen Gesetzbuch festgelegt hat. Doch über die Einrichtung an sich, die gegenseitige Beziehung zwischen den Eheleuten und die (Un-)Auflösbarkeit der Ehe wird das letzte Wort nicht durch bürgerliche Instanzen gesprochen. Gottes Normen bleiben entscheidend.

Eine zweite Konsequenz der Erkenntnis, dass die Ehe eine Schöpfungsverordnung ist, ist die Tatsache, dass es für Fragen bezüglich Ehe und Ehescheidung grundsätzlich keinen Unterschied ausmacht, ob wir es mit Gläubigen oder Ungläubigen zu tun haben. In der Praxis ist natürlich ein Unterschied vorhanden: Ein Nichtchrist wird sich nicht besonders für die Normen der Bibel interessieren. Doch diese Normen sind nichtsdestoweniger auf alle Geschöpfe unvermindert anzuwenden, ob sie sie akzeptieren wollen oder nicht. Es besteht daher auch prinzipiell kein Unterschied, ob eine Ehescheidung vor oder nach dem Augenblick stattgefunden hat, dass einer oder beide Partner zur Bekehrung und zum Glauben an Christus gekommen sind. Durch die Bekehrung kommt jemand in eine neue Beziehung zu Gott, doch dadurch verändern sich nicht die bestehenden Schöpfungsbeziehungen: Eltern bleiben Eltern, Kinder bleiben Kinder, und Ehegatten bleiben Ehegatten, ob sie nun vor dem bürgerlichen Richter geschieden sind oder nicht. Es kann daher auch bisweilen vorkommen, dass ein Seelsorger einen geschiedenen, doch nun bekehrten Partner zu dessen noch unbekehrtem früheren Partner zurückbringen muss. Dass in einem solchen Fall viel Weisheit und intensive Begleitung nötig ist, steht außer Frage.

Ein Beispiel eines ganz scharfsinnigen Trugschlusses, bei dem dieser Unterschied übersehen wird, gründet sich auf die (noch zu besprechende) Schriftstelle in 1. Korinther 7,15: »Wenn aber der Ungläubige sich trennt, so trenne er sich.« Der Seelsorger bekommt dann von dem einen Teil zu hören: Mein Ehepartner ist gar kein Gläubiger, das können Sie doch an seinem (ihrem) Verhalten sehen. Mag er (sie) sich daher nur ruhig scheiden lassen, denn dann bin ich frei. Später, in Kapitel 2, wird dargelegt werden, dass dieser Vers absolut kein Freibrief zur Wiederheirat ist, doch hier soll einstweilen nachdrücklich betont werden, dass kein Grund für eine Ehescheidung erzwungen werden kann, indem man »beweist«, dass der Partner ein Ungläubiger ist. 1. Korinther 7 gibt dem Ungläubigen ja keine »Zustimmung« zur Scheidung, sondern sagt lediglich etwas über den Gläubigen, der von einem ungläubigen Partner verlassen wird. Die Ehe ist eine Schöpfungseinrichtung Gottes für die gesamte Menschheit, gläubig oder ungläubig. Niemand wird doch wohl behaupten wollen, dass jedes ungläubige Ehepaar sich nach Gottes Maßstäben ohne weiteres scheiden lassen kann!

Eine dritte Konsequenz ist ebenfalls von großer Bedeutung: »Was nun Gott zusammengefügt hat, soll der Mensch nicht scheiden«, hat der Herr Jesus gesagt. Ja, sagen einige Ehepartner, wenn sie sich in einer Krise befinden, das ist wohl wahr, doch uns hat Gott gar nicht zusammengefügt. Das haben wir selbst getan. Wir haben uns seinerzeit entschlossen, einander zu heiraten, ohne gründlich darüber nachzudenken oder dafür zu beten. Nicht Gott hat uns zusammengefügt, sondern das haben wir selbst getan, und deshalb dürfen/müssen wir uns nun auch wieder voneinander lösen.

Ein wenig nüchternes Nachdenken macht deutlich, dass auf der Grundlage einer solchen Beweisführung neun von zehn Ehen nicht »von Gott zusammengefügt« sind. Das kann nicht die Absicht des Herrn sein. Das »Zusammenfügen« hat mit der Einrichtung der Ehe als solcher zu tun. Die Ehe ist eine »zusammenfügende« Einrichtung. Wer in den Ehestand tritt, lässt sich für das Leben von Gott mit seinem Partner verbinden. Wir wiederholen: Niemand wird doch wohl behaupten wollen, dass alle Ehen von Ungläubigen ohne weiteres gelöst werden können!

Die Ehe – Freude für die Ehepartner

Was ist das Ziel der Ehe? Ohne darüber tief schürfende Betrachtungen anzustellen – das ist nicht unser Ziel beim Schreiben dieses Buches –, ist es doch nötig, etwas darüber zu sagen. Kurz zusammengefasst: Die Ehe dient der Freude der Partner und der Ehre Gottes. Das scheint schon wieder eine etwas klischeehafte Bemerkung zu sein, das Einrennen einer offenen Tür. Doch leider scheint das Gesagte durchaus nicht jedem deutlich zu sein.

Die *Freude der Eheleute* ist die eine Hälfte des Ziels der Ehe. Wenige Paare, die heiraten, und sogar wenige Paare, die sich scheiden lassen, werden das leugnen. Viele Ehegatten, die vor dem Scherbenhaufen ihrer Ehe stehen, werden vielleicht gerade das als den Kern aller Probleme nennen: Die Ehe hat ihnen keine Freude gebracht; es ist auch kein Körnchen Freude mehr zu erwarten, und dann ist es wohl am besten, sie zu beenden. Scheidung scheint der einzige Ausweg zu sein.

Wir müssen deshalb viel genauer sein. Die Ehe ist nicht in erster Linie eine Einrichtung, in der Menschen *sich selbst* Freude bereiten. Sie ist von Gott gegeben, damit Menschen *einander* Freude bereiten. Die Frage, die zukünftige Eheleute leider häufig stellen, ist: Wird er oder sie mich glücklich machen? – Die Frage jedoch, die sie eigentlich stellen sollten, ist: Kann ich ihn oder sie glücklich machen? Wenn eine Ehe auf Klippen aufgelaufen ist, hört man die Klage: Der andere hat mich nicht glücklich gemacht. Ist nicht vielmehr Selbsteinkehr geboten: Ich bin offensichtlich nicht in der Lage gewesen, den anderen glücklich zu machen!

Das bedeutet nicht, dass man dann selbst todunglücklich werden muss. Im Gegenteil. Die Einstellung, immer das Glück des anderen zu suchen, bereitet an sich schon große Freude. Es ist Gottes Absicht, dass Männer und Frauen im Zusammenleben als Ehepartner tiefe Freude finden. Darum hat er Adam eine Frau gegeben: »Es ist nicht gut, dass der Mensch allein sei ... Und der HERR Gott ließ einen tiefen Schlaf auf den Menschen fallen, und er entschlief. Und er nahm eine von seinen Rippen und verschloss ihre Stelle mit Fleisch; und der HERR Gott baute aus der Rippe, die er von dem Menschen genommen hatte, eine Frau, und er brachte sie zu dem Menschen. Und der Mensch sprach: Diese ist einmal Gebein von meinen Gebeinen und Fleisch von meinem Fleische; diese soll Männin heißen, denn vom Manne ist diese genommen« (1Mo 2,18.21-23).

Wir leben in einer Zeit des Hedonismus, d. h. eines systematischen Strebens nach dem eigenen Genuss. Als Christen müssen wir auf der Hut sein, dass wir nicht durch den Geist der Zeit mitgerissen werden. Andererseits dürfen, ja, müssen wir sogar die gewaltige Freude ausdrücklich betonen, die beide Teile einander in einem von Gott gewollten Eheleben geben können.

Schreibt jemand ein Buch über Ehescheidung oder leistet jemand Hilfe in Ehescheidungssituationen, kann leicht ein falsches Bild entstehen. Wenn das Wort »Ehescheidung« fällt, sind wir eigentlich schon zu spät daran, denn dann ist schon viel zu viel schief gelaufen. Das Kind ist schon in den Brunnen gefallen, um einen gängigen Ausdruck zu gebrauchen. Und wenn der Seelsorger dann den einigermaßen strikten »konservativen«, bibeltreuen Standpunkt einnimmt, dass die Eheleute sich niemals scheiden lassen dürfen, dann klingt das ziemlich formell. Wenn die Ehe nur offiziell bestehen bleibt! Wenn nur die Fassade nach außen aufrecht erhalten wird! Und es lässt sich auch nicht leugnen, dass sehr oft auf diese Weise Ehen in so genannter christlicher Weise »gerettet« worden sind, während es eigentlich auf eine Verurteilung zu lebenslanger Gefängnisstrafe hinauslief. Die Ehe wird auf diese Weise zu einer dunklen Zelle ohne ein Körnchen Hoffnung, wieder aus den Problemen herauszukommen. Es muss mit großem Nachdruck gesagt werden, dass darauf natürlich die christliche seelsorgerliche Hilfe niemals beschränkt sein darf. Wir dürfen erst zufrieden sein, wenn es – zweifellos mit der Hilfe des Herrn – gelingt, beide Teile in einer wirklich glücklichen Ehe zu verbinden, in einer guten Beziehung zueinander und einer guten Beziehung zu Gott. Mit weniger dürfen wir uns nicht zufrieden geben.

Ist es nicht sehr auffallend, dass auf die schwierige alttestamentliche Stelle über Ehescheidung, die wir in 5. Mose 24,1-4 finden (darüber später mehr in Kapitel 2), unmittelbar eine gesetzliche Anordnung folgt, die gute Ehen fördern kann: »Wenn ein Mann kürzlich eine Frau genommen hat, so soll er nicht in den Krieg ziehen und es soll ihm keinerlei Sache auferlegt werden; er soll ein Jahr lang frei sein für sein Haus und seine Frau *erfreuen*, die er genommen hat« (5Mo 24,5). Aufmerksamkeit, Liebe und Zuneigung zueinander hätten viele Ehen retten können. Viel Energie, die in die Lösung von Ehekonflikten gesteckt werden musste, hätte besser in einer positiven Weise investiert werden können in das gemeinsame Aufbauen einer guten Beziehung zueinander und zu Gott.

Die Ehe – die Ehre Gottes

»Wenn wir in unserer Ehe keine Freude mehr finden, gehen wir besser auseinander.« Das schcint unter den »günstigen« Bedingungen der einfachen gesetzlichen Ehescheidungsmöglichkeiten immer mehr die Richtlinie einer ganzen Reihe von Eheleuten zu werden, auch verheirateter Christen. Wir haben bereits darauf hingewiesen, dass man dabei von einer falschen Erwartung von Glück in der Ehe ausgeht. Die Ehe ist keine Einrichtung, um Freude zu bekommen, sondern um Freude zu geben. Doch zugleich droht ein anderes, mindestens ebenso bedeutungsvolles Motiv in den Hintergrund zu treten. Die Ehre Gottes ist mit der Ehe ebenso sehr verbunden, und zwar in mindestens zweierlei Hinsicht. Gottes Ehre als Schöpfer, der die eheliche Beziehung geplant hat, darum geht es zuerst einmal; zweitens ist die Ehe ein wunderbares Vorbild von der unauflösbaren Liebesbeziehung zwischen Christus und der Versammlung.

Gott ist der Planer der ehelichen Beziehung. Ehe und Familie hat er als Eckstein des menschlichen Zusammenlebens eingesetzt. Das scheint heutzutage eine verstaubte, altmodische Behauptung zu sein. Die Welt, in der wir leben, ist neben monogamer Ehetreue bereits lange an lockere und zeitliche Beziehungen gewöhnt, neben heterosexuellen Verbindungen an homosexuelle und bisexuelle Beziehungen, neben Familien an LAT-Beziehungen[3], bewusst ledige Mütter, Leihmütter, Einelterfamilien, Wohngemeinschaften usw. Es scheint viel zu verbohrt zu sein, neben dieser verwirrenden Vielfalt nur die monogame Ehe und die darauf gegründete Familie anerkennen zu wollen. Manchmal hat es den Anschein, als habe Gott sich geirrt, als er sich darauf beschränkte. Oder dass die Christen sich irren, die meinen, dass Gott sich tatsächlich hierauf beschränkt habe. Und dieselben bibeltreuen Christen haben dann überhaupt kein Recht mehr, etwas zu sagen, wenn während eines wenig christlichen Wortwechsels zwischen den Eheleuten das Küchenfenster offen gestanden hat und sich zeigt, wie auch ihre Ehe völlig stranden kann.

Deshalb ist es gerade jetzt so wichtig, dass in unserer entarteten westlichen Gesellschaft echt christliche Ehen und Familien zu finden sind. Männer und Frauen, die zu aller Zeit beieinander bleiben, in Liebe und Leid, durch dick und dünn; und das nicht nur formell, sondern in liebevoller Harmonie. Denn gerade darin wird sichtbar, unleugbar deutlich, dass Gott sich nicht geirrt hat, als er die monogame, unauflösbare Ehe einsetzte. Es wird Zeit, aufs Neue darauf hinzuweisen, dass Gottes Normen wirklich »Gesetze zum Leben« sind. Menschen werden nicht glücklicher, wenn sie diese Normen übertreten. Gott hat Mann und Frau geschaffen, und er wusste, wie sie beide im Zusammenleben am glücklichsten sein würden.

Nehmen Sie sich in Gedanken einmal zwei aus Papier geschnittene Figuren und kleben Sie sie aneinander. Lassen Sie sie eine Stunde liegen und versuchen Sie sie dann wieder voneinander zu trennen. Das gelingt niemals, ohne mindestens eine von beiden, wahrscheinlich aber beide, irreparabel zu beschädigen. Nun, die Ein-Fleisch-Beziehung zwischen Mann und Frau ist eine noch weitaus innigere körperliche, emotionale und geistige Einheit. Wer diese beiden wieder auseinanderreißt, verursacht nicht wieder gutzumachenden Schaden. Das ist übrigens einer der Gründe, weshalb auch die monogame, treue, doch nicht-eheliche Lebensgemeinschaft im Widerspruch zu Gottes Gedanken und seiner Schöpfungsordnung ist. Es ist dann nämlich viel zu leicht, bei einem kräftigen Streit auseinander zu laufen. Gott wusste sehr gut, wie schwer Menschen es einander machen können, und gerade deshalb fand er es am besten, ein unauflösbares Band um »die beiden« zu legen. Die Ehe hat keinen Notausgang. Gerade wenn die Not am größten ist, müssen beide Partner wissen, dass es keinen Ausweg gibt, als einen gemeinsamen Neuanfang zu machen, und vor allem: aufs Neue mit Gott zu beginnen.

Glücklicherweise ist in unserem Land Ehescheidung noch immer nicht so einfach wie das Wechseln eines Hemdes (wie Molière es ausdrückte), doch wirklich unauflösbar ist die Ehe bestimmt nicht. Das Plädoyer des deutschen Juristen und Christen Hans Hattenhauer[4] für die vertragliche Festlegung von Christen, dass man sich nicht scheiden lassen kann, ist durchaus sehr aktuell.

Christus und die Versammlung

Es ist schon außerordentlich wichtig, dass wir Gott als Schöpfer ehren, indem wir seine Schöpfungseinrichtung, die Ehe, bewahren. Das ist aber noch umso wichtiger, weil Gott in die Ehe außerdem noch eine großartige symbolische Bedeutung gelegt hat. Die Ehe ist ein Abbild des Verhältnisses zwischen Christus und der Versammlung (oder Gemeinde).

Der Apostel Paulus sagt es so: »Denn der Mann ist das Haupt der Frau, wie auch der Christus das Haupt der Versammlung ist; er ist des Leibes Heiland. Aber gleichwie die Versammlung dem Christus unterworfen ist, also auch die Frauen ihren Männern in allem. Ihr Männer, liebet eure Frauen, gleichwie auch der Christus die Versammlung geliebt und sich selbst für sie hingegeben hat, auf dass er sie heiligte, sie reinigend durch die Waschung mit Wasser durch das Wort, auf dass er die Versammlung sich selbst verherrlicht darstellte, die nicht Flecken oder Runzel oder etwas dergleichen habe, sondern dass sie heilig und tadellos sei. Also sind auch die Männer schuldig, ihre Frauen zu lieben wie ihre eigenen Leiber. Wer seine Frau liebt, liebt sich selbst. Denn niemand hat jemals sein eigenes Fleisch gehasst, sondern er nährt und pflegt es, gleichwie auch der Christus die Versammlung. Denn wir sind Glieder seines Leibes von seinem Fleische und von seinen Gebeinen. ›Deswegen wird ein Mensch seinen Vater uns seine Mutter verlassen und seiner Frau anhangen, und die zwei werden ein Fleisch sein.‹ Dieses Geheimnis ist groß; ich aber sage es in Bezug auf Christum und auf die Versammlung. Doch auch ihr, ein jeder von euch liebe seine Frau also wie sich selbst; die Frau aber, dass sie den Mann fürchte« (Eph 5,23-33).

Wenn eine Ehe zerbricht, ist das schlimm genug. Doch zugleich wird dadurch das »Hochzeitsbild« von Christus und seiner Versammlung besudelt. Es ist außergewöhnlich schwierig, in einer Zeit vieler zerrütteter Ehen Menschen noch etwas von der bedingungslosen, unwandelbaren Liebe und Treue Christi im Blick auf seine Versammlung verständlich zu machen. Gerade christliche Ehen sollten davon etwas zeigen! In einer Zeit, in der Väter in vielen Fällen »ihren« Familien lediglich Lebensunterhalt zahlen und ab und zu von den Kindern Besuch bekommen, ist es sehr schwierig, die Botschaft von der Vaterschaft Gottes verständlich zu machen. Gerade in christlichen Familien sollte das sichtbar sein.

Das Bild von Christus und der Versammlung zeigt uns übrigens auch einen anderen Aspekt. Die Bedingungslosigkeit der Liebe Christi ist beispielhaft für die Art und Weise, wie ein Mann mit seiner Frau umgeht und umgekehrt. Fast überall bekommen Seelsorger von Eheleuten, die in Zwietracht leben, zu hören: Ja, ich würde gerne neu mit ihm/ihr anfangen, wenn er/sie sich erst einmal in dieser oder jener Hinsicht radikal änderte ... Meistens erzählt der andere Teil eine ähnliche Geschichte in spiegelbildlicher Form, so dass die Lage hoffnungslos festgefahren scheint. Die einzige Lösung ist: einander annehmen, wie Christus uns angenommen hat (Röm 15,17), so wie der andere ist, ohne jede Bedingung. Dann gibt es einen Anfang für Wiederherstellung. Doch damit sind wir bereits bei dem Thema der Seelsorge angelangt. Wir werden dafür einen neuen Absatz brauchen.

Seelsorgerliche Hilfe – keine zwei Fälle sind gleich

Wir haben bereits darauf hingewiesen, dass dieses Buch für Seelsorger geschrieben ist. Hoffentlich gibt es viele solcher »Hirten«. Vielleicht Familienmitglieder, Bekannte, Freunde; vielleicht einen christlichen Hausarzt, einen Prediger, einen Ältesten oder »einfache« Brüder und Schwestern in der örtlichen Glaubensgemeinschaft. Wenn nur zur rechten Zeit Hilfe geboten wird! Das Problem ist häufig, dass die Konflikte sich schon zugespitzt haben und fast keine Hilfe mehr möglich ist.

Welche Botschaft dürfen solche helfenden Gläubigen den verwundeten Seelen der Eheleute bringen? Die erste Botschaft ist, dass es bei Gott *immer* einen Weg zurück gibt. Gott ist ein Gott, der sogar in den extremsten Lagen bereit ist, wiederherzustellen, zu vergeben und zu reinigen. Voraussetzung ist natürlich, dass wirklich Reue vorhanden ist, Selbsteinkehr, das aufrichtige Verlangen, alles wieder in Ordnung zu bringen.

Doch die zweite Botschaft ist offensichtlich viel härter: nämlich dass der Weg der Ehescheidung *keine* Lösung ist. Wir haben bereits zu zeigen versucht, dass die Ehe eine Einrichtung ist, die Gott absichtlich ohne Notausgang entworfen hat, und in Kapitel 2 wird sich dies noch weiter erweisen aus dem detaillierten Studium der biblischen Gegebenheiten. Seelsorger müssen einerseits barmherzig sein, um festgefahrenen Ehepartnern einen Weg der Wiederherstellung zu zeigen; andererseits müssen sie auch den Mut haben, in Übereinstimmung mit der Schrift klar zu machen, dass Ehescheidung kein solcher Weg ist.

Doch was geschieht, wenn es bereits zu spät ist? Wie soll man handeln, wenn die Ehe bereits geschieden ist? Zuerst einmal muss gesagt werden, dass es nicht so rasch wirklich zu spät ist. Ein Gerichtsverfahren kann gebremst oder sogar abgebrochen werden; wir kommen darauf in Kapitel 3 zurück. Und wenn die Ehescheidung wirklich vollzogen ist, gibt es immer noch einen Weg zurück, solange die früheren Ehegatten noch nicht mit einem anderen Partner verheiratet sind. Erst wenn auch das Tatsache geworden ist, wird es sehr schwierig. In solch einer Nachhinein-Situation, wenn endgültig nur noch Scherben da sind, kann auf seelsorgerlicher Ebene nur noch Schutt weggeräumt werden. Dann geht es darum, die Herzen zu erreichen und zu versuchen, wirkliche Demütigung und Reue gegeneinander und gegen Gott zu bewirken.

Zusammengefasst: Bevor das Schlimmste geschehen ist, lautet die Botschaft immer: *Niemals* Scheidung. Erst wenn die Scherben endgültig sind, wird es vielleicht unmöglich, noch etwas anderes zu tun, als Schutt wegzuräumen. In einem solchen Augenblick wird gewiss auch die Glaubensgemeinschaft als Ganzes eine Verantwortung haben, die

Situation zu beraten, doch darauf kommen wir noch zurück.

Aus dem Vorhergehenden ist überdies doch wohl bereits ersichtlich – was jeder mit ein wenig Erfahrung in diesen Situationen weiß –, dass keine zwei Fälle einander gleich sind. Wir haben ja ohnehin niemals mit »Fällen« zu tun, sondern mit lebendigen Menschen aus Fleisch und Blut; Menschen, die selbst fühlen, denken und glauben, Menschen, die für Gott und füreinander einen unnennbar hohen Wert haben. Seelsorgerlicher Dienst besteht daher auch darin, dass diese Menschen wieder in eine gute Beziehung zueinander und zu Gott gebracht werden.

Keine juristische Frage, sondern seelsorgerliches Einfühlungsvermögen

Dieses Buch ist selbstverständlich kein Schnellkurs in Seelsorge. Doch es wäre schon viel erreicht, wenn alle Seelsorger bei Eheproblemen davon durchdrungen wären, dass die Art und Weise, wie sie an die Probleme herangehen, seelsorgerlich sein muss.

Wer ein Ehepaar besucht, das im Begriff steht, sich scheiden zu lassen, hat nicht zuerst die Frage zu beantworten: Dürfen diese Menschen sich scheiden lassen? Die Erfahrung lehrt, dass das in der Regel wohl eine der ersten Fragen ist, die zur Sprache kommen, wie weiterhin allerlei Fragen über die dann folgenden juristischen Verfahren. Die eigentliche Frage ist aber nicht theologischer Art (»Gestattet die Schrift in unserem Fall eine Scheidung?«) noch juristischer Art (»Auf welchem Weg muss ich vorgehen, um zu einer Ehescheidung zu kommen?«). Es geht nicht darum, *ob* beide *auseinander gehen dürfen*, sondern *wie* beide *beieinander bleiben können*.

Es ist ein hohes Maß an geistlicher Gesinnung und Abhängigkeit erforderlich, um solch einen Dienst ausüben zu können. Wer solche Gespräche geführt hat, weiß, wie schwierig das sein kann. Es geht darum, den anderen im Geist der Sanftmut zurechtzubringen, indem man auf sich selbst sieht, dass man nicht auch versucht wird (Gal 6,1). Dazu ist Takt erforderlich, doch auch die demütige Gesinnung des Herrn Jesus, damit der andere versteht, dass wir neben ihm oder ihr stehen, nicht über ihm oder ihr, um Bannstrahlen aus einem elfenbeinernen Turm herniederzuschleudern. Doch zugleich ist Deutlichkeit nötig und geistlicher Mut, um das, was verkehrt ist, auch tatsächlich verkehrt zu nennen und auf ein ganz konkretes Bekenntnis zu drängen. Vor dem Angesicht Gottes muss persönlich und gemeinsam bekannt werden, was falsch ist. »Wenn wir unsere Sünden bekennen, so ist er treu und gerecht, dass er uns die Sünden vergibt und uns reinigt von aller Ungerechtigkeit« (1Jo 1,9).

Beide Ehepartner

Doch auch voreinander muss bekannt werden, was falsch gelaufen ist. Das bedeutet nicht immer, dass es gut ist, alles wieder hervorzuholen, was geschehen ist; es ist vielleicht oft gar nicht weise, dem Partner alle Einzelheiten beispielsweise einer ehebrecherischen Beziehung ausführlich zu erzählen. Doch ein vages Schuldbekenntnis (»Wenn ich dir einmal wehgetan habe, bitte ich um Vergebung«) nützt andererseits auch nichts. Es wird viel Weisheit erforderlich sein, um hierin den richtigen Weg zu finden. Was hier jedoch unterstrichen werden muss, ist die Notwendigkeit, mit beiden Teilen zu sprechen. Die Ausdrücke »die schuldige Partei« und »unschuldig geschieden« kennen wir in unserem Sprachgebrauch, doch sie stimmen selten mit der Wirklichkeit überein. Ob es wohl jemals eine Situation gibt, in der der Bankrott einer Ehe allein von dem einen Teil verschuldet wurde, während der andere Teil völlig unschuldig ist? Jedenfalls dürfen wir davon nie ausgehen. Immer muss die Frage gestellt werden: Und du? Du weißt zweifellos viele negative Dinge über deinen Mann bzw. deine Frau zu sagen, und möglicherweise zu Recht, doch wie hast du selbst dich verhalten? Das gerade macht solche Gespräche so schwierig. Der Seelsorger kommt zu dem einen Ehepartner und hört dort eine ganze Liste von Fehlern des anderen Partners, gegen die vielleicht nichts zu sagen ist und worauf er nur zustimmend nicken kann. Anschließend spricht er mit dem anderen und hört dort eine lange Liste von dem, was bei dem einen nicht in Ordnung war: Auch hier ist nichts dagegen zu sagen, wieder zustimmendes Nicken. Das größte Problem ist nun, dass wir das Elend nur größer machen, wenn wir bei dem einen über die Fehler des anderen sprechen und bei dem anderen über die Fehler des einen: Das bringt Entzweiung statt Versöhnung in die Ehe. Denn beide Partner sagen: Siehst du wohl, dass mit meinem Ehepartner nichts anzufangen ist? Bruder X oder Seelsorger Y sagt das auch!

Es geht dann geradeso wie mit dem Prediger, der zwei Brüder besuchte, die miteinander Streit hatten. Er hörte den einen an und sagte: Du hast Recht. Den anderen ließ er ebenfalls seine Geschichte erzählen und sagte: Du hast Recht. Zu Hause angekommen, berichtete er seiner Frau über beide Gespräche. Sie reagierte darauf: »Wie konntest du denn beiden Recht geben! So wird es doch nur ärger.« Darauf antwortete er wieder: »Da hast du auch Recht.« Ja wirklich, du hast Recht: So werden die Probleme nicht gelöst.

Die Zucht der Gemeinde

Nicht in allen Fällen kann es dabei bleiben, dass man sich persönlich um in der Ehe festgefahrene Partner bemüht. In vielen Fällen, vor allem wenn ernste

Sünde im Spiel ist (z. B. Hurerei), wird, wenn kein Bekenntnis und keine Wiederherstellung folgt, auch die Gemeinde als Ganzes eingeschaltet werden müssen. Wenn es möglich ist, den Bruder (oder die Schwester oder beide) zu gewinnen, dann ist das Ziel erreicht, wie die Schrift sagt. Doch wenn er nicht hört, wird es nötig sein, noch einen oder zwei mitzunehmen, damit dadurch ein eindeutiges Zeugnis vor der Gemeinde abgelegt werden kann (Mt 18,15-18). Von diesem Augenblick an ist es die gesamte Gemeinde, die sich bemüht, bei den Betreffenden eine Veränderung zu bewirken.

Wir werden später in diesem Buch noch über die Gründe für eine Zuchtausübung seitens der Gemeinde in Fällen von Ehescheidung sprechen. Doch wollen wir jetzt schon betonen, dass es auch dann um seelsorgerliche Fürsorge geht. Die Frage ist nicht (nur): Müssen wir die/den Betreffende(n) unter Zucht stellen? – sondern (vor allem): Wie können wir Wiederherstellung bewirken? Allein schon aus diesen Gründen wird es weise sein, nicht mehr Einzelheiten an die Öffentlichkeit zu tragen als unbedingt notwendig ist.

Andere Hilfe

Wir haben bis hierher bei weitem nicht alle schwierigen und möglichen Situationen aufgezählt; das war auch nicht unsere Absicht. Doch ist es abschließend vielleicht gut, darauf hinzuweisen, dass manchmal spezielle Seelsorge unentbehrlich ist. Es können komplizierte psychische Probleme eine Rolle spielen, die beispielsweise die Ursache für körperliche Gewaltanwendung sind; es können körperliche oder psychische Störungen im Sexualleben vorhanden sein; es können Probleme mit der Familie oder mit den Kindern da sein; es können Schwierigkeiten auf der Ebene gesellschaftlicher Anpassung vorliegen. Psychiater, Ärzte, »Berater«, Orthopädagogen und Sozialarbeiter sind darauf spezialisiert. Doch es ist dann von allergrößter Bedeutung, einen wirklich bibeltreuen christlichen Seelsorger zu finden, denn weltliche »Hilfe« wird durch ihre unbiblischen Ausgangspunkte den Schaden in einer christlichen Ehe meistens nur noch verschlimmern. Vor allem dadurch, dass sie nicht deutlich von der Unauflösbarkeit der Ehe ausgeht. Und gerade das ist für einen wiedergeborenen Christen ein äußerst wichtiger Ausgangspunkt. Im folgenden Kapitel nun werden wir im Einzelnen die Frage untersuchen, was die Schrift darüber zu sagen hat.

2. Was sagt die Schrift?

Einleitung

Es gibt in bibeltreuen Kreisen bereits eine nicht unbeträchtliche Menge an Literatur über das Thema Ehescheidung und Wiederheirat, und man kann sich die Frage stellen, weshalb wir dieses Buch noch hinzugefügt haben. Einer der Gründe ist, dass es leider auch unter bibeltreuen Christen stark auseinander gehende Auffassungen über Scheidung und Wiederheirat gibt, und das ist auch in der genannten Literatur der Fall. Infolge dieser großen Unterschiede in den Auffassungen gibt es viel Verwirrung unter Christen, die umso betrüblicher ist, als es hier um eine immer häufiger vorkommende Frage geht, in der leicht verkehrt gehandelt werden kann: Darf der Gläubige sich nun unter bestimmten Voraussetzungen scheiden lassen oder nicht? Und wenn ja, darf er oder sie dann unter bestimmten Voraussetzungen wieder heiraten oder nicht? Diese Fragen sind für immer mehr Christen (leider) lebenswichtig geworden und übrigens auch für die Gemeinden, zu denen sie gehören. Selbstverständlich behaupten wir nicht, dieses Büchlein sei das »letzte Wort« in dieser Frage, doch wir wollen versuchen zu zeigen, dass einige häufig vorgebrachten Argumente nicht haltbar sind und dass andere Argumente, die oft gar nicht genannt werden, gerade sehr wichtig sind.

Zwei Meinungen

Der große Unterschied in den Auffassungen kommt besonders zum Ausdruck, wenn wir die beiden am häufigsten vorkommenden Standpunkte einmal einander gegenüberstellen – wenigstens die am häufigsten vorkommenden innerhalb bibeltreuer Kreise; in anderen christlichen Kreisen macht man von Ehescheidung und Wiederheirat schon lange kein Aufhebens mehr. Die im Folgenden zu nennenden Auffassungen jedoch gehen davon aus, dass nach dem Wort Gottes die Ehe im Grundsatz für das ganze Leben geschlossen wird und daher im Grundsatz unauflösbar ist. Doch dann kommen die Unterschiede:

(a) Die eine Auffassung besagt, dass die Ehe nicht nur im Grundsatz, sondern auch in der Praxis unter allen Umständen durch nichts aufgelöst werden kann, außer durch den Tod. Ehebruch zerbricht die Ehe nicht.[5] In diesem ganzen Büchlein wird unter dem Wort »Ehebruch« in keinem Fall ein Zerbrechen der Ehe verstanden, sondern ausschließlich unerlaubter Geschlechtsverkehr einer verheirateten Person, auch wenn das eine sehr ernste Sünde gegen die Ehe als solche ist. Doch wenn sie bekannt wird, muss der unschuldige Partner den anderen wieder annehmen. Will der Übertreter nicht zu dem unschuldigen Partner zurückkehren – wegen Ehebruch oder aus einem anderen Grund –, dann kann Letzterer schließlich einwilligen, allein zu bleiben. Doch selbst wenn die Obrigkeit eine Ehescheidung ausspricht, ändert das nichts an der Tatsache, dass die Ehe vor Gott bestehen bleibt, solange beide Partner leben. Die Konsequenz ist, dass der unschuldige Partner unter keiner Bedingung wieder heiraten darf, sondern allein bleiben bzw. warten muss, bis der schuldige Partner reuevoll zu ihm oder ihr zurückkehrt.

Das ist in großen Linien der Standpunkt nahezu aller Kirchenväter gewesen (Hermas, Justinus der Märtyrer, Athenagoras, Irenaeus, Clemens von Alexandrien, Origenes, Tertullian, Chrysostomus, Ambrosius, Hieronymus, Augustinus und viele andere) und also der Standpunkt der alten Kirche im Allgemeinen. Auch heute wird dieser Standpunkt noch von vielen Autoren vertreten. Die gründlichste und ausführlichste Studie zu diesem Punkt ist die von Jacques Dupont. Ein kürzlich erschienenes ausführliches evangelikales Werk, das diese Auffassung vertritt, ist das von *William A. Heth & Gordon J. Wenham, Jesus and Divorce: The Problem with the Evangelical Consensus*[6]; der Titel sagt bereits, dass sie gegen die nahezu allgemein unter den Evangelikalen vertretene Auffassung auftreten. Wir werden diese Auffassung der Einfachheit halber mit dem hässlichen Begriff »Anti-Wiederheirats-Auffassung« bezeichnen.

(b) Die andere Auffassung besagt, dass Ehebruch die Ehe in ihren Grundlagen antastet; in einigen Varianten behauptet man sogar, dass durch Ehebruch die Ehe grundsätzlich bereits gebrochen ist (vgl. den Begriff »Ehe*bruch*«). Darum hat der unschuldige Partner im Fall des Ehebruchs (und laut einigen auch im Fall von anderen Formen der Unzucht) das Recht, sich von dem anderen scheiden zu lassen (oder in einer strengeren Auffassung: darf er oder sie sich dareinfügen, dass der andere die Scheidung erzwingt). Bei Ehescheidung nach Ehebruch geht es folglich um eine wirkliche Auflösung der Ehe; die Ehe besteht nicht nur vor der Obrigkeit, sondern auch vor Gott nicht mehr, so dass in jedem Fall der unschuldige Partner auch ohne weiteres berechtigt ist, wieder zu heiraten.

Diese Auffassung wurde das erste Mal bei Erasmus nachgewiesen und wurde in großen Linien von Luther und Calvin übernommen und in ihren Fußspuren von späteren reformatorischen Autoren. Manchmal – z. B. in dem Westminster Bekenntnis – kommt in orthodox-reformatorischen Kreisen sogar ein noch freierer Standpunkt vor, und zwar eine Verteidigung (des Rechts) der Ehescheidung und Wiederheirat im Fall vorsätzlichen und andauernden Verlassens. Eine gründliche und ausführliche Studie, in der diese Auffassung (Entbindung von der Ehe nach Ehebruch und das Recht zur Wiederheirat) verteidigt wird und auf die jüngere Studien immer wieder zurückgreifen, ist die von John Murray[7]. Wir werden diese Auffassung der Einfachheit halber die »Pro-Wiederheirats-Auffassung« nennen.

Unter denen, die man gewöhnlich »die Brüder« nennt, ist letztere Auffassung der meistverbreitete Standpunkt gewesen. Sie wurde u. a. von J. N. Darby, W. Kelly, F. W. Grant, H. Rossier und R. Brockhaus vertreten, die hierin also mit den Reformatoren übereinstimmten. Doch auch die erstgenannte Auffassung, die der frühen christlichen Kirche, hat viele Anhänger gefunden; so wurde sie vertreten von den Brüdern A. Fleck und E. Bauder, wodurch 1930 in Renton (bei Seattle) eine Spaltung entstand. Noch immer können sich Glaubensgemeinschaften über der Beurteilung eines Falles von Ehescheidung und eventueller Wiederheirat heftig entzweien, sei es, dass die Meinungen bereits grundsätzlich auseinander gehen, wie oben angedeutet, sei es, dass die Meinungen geteilt sind in der Frage, wie die Grundsätze in einem konkreten Fall angewendet werden müssen, sei es, dass man zwar in der Beurteilung der

Scheidung übereinstimmt, doch nicht im Blick auf die Zuchtmaßnahmen, die möglicherweise getroffen werden müssen.

Zwei Themen

In diesem Kapitel wollen wir versuchen, zwei Themen zu behandeln:

(1) Was lehrt die Schrift über Ehescheidung und Wiederheirat? In vielen Abhandlungen über dieses Thema ist unseres Erachtens viel zu oberflächlich mit den Schriftstellen umgegangen worden, wie wir gerne zu zeigen versuchen wollen. Insbesondere hinkt die zweite genannte Auffassung unseres Erachtens, was das betrifft, in vielen Punkten. Unser eigener Standpunkt ist daher auch, dass wir – wie bereits im ersten Kapitel erwähnt – der ersten Auffassung bei weitem den Vorzug geben, wenn wir auch die zweite Auffassung nicht völlig ausschließen wollen; dazu ist das Thema eben viel zu komplex. Wir wären schon sehr dankbar, wenn wir erreichen könnten, dass die Anhänger beider Standpunkte viel mehr Verständnis für die Auffassung des anderen bekommen würden.

(2) Ziemlich losgelöst von der Frage, wie man über Ehescheidung und Wiederheirat denkt, steht die

Frage, wie man Christen begegnet, die aus unschriftgemäßen Gründen geschieden und möglicherweise wiederverheiratet sind. Sowohl die Anhänger der ersten als auch die der zweiten Auffassung werden es verurteilen, dass zwei Christen auseinander gehen, einfach weil sie meinen, es nicht mehr beieinander aushalten zu können, und dann anschließend möglicherweise auch noch wieder heiraten wollen. Müssen solche Gläubigen nun für immer und unter allen Umständen vom Tisch des Herrn zurückgewiesen werden oder sind Umstände denkbar, dass man – trotz einer gesetzeswidrigen Situation, in der Geschiedene bzw. Wiederverheiratete sich befinden – Gnade vor Recht ergehen lassen muss und reuevolle Gläubige wieder zum Tisch des Herrn zulassen muss?

Wir wollen mit dem ersten Thema beginnen: Was lehrt die Schrift darüber?

Alttestamentliche Schriftstellen

Der Ausgangspunkt für jede Betrachtung über die Ehe und daher auch die Ehescheidung ist natürlich 1. Mose 1 und 2. Wir wollen hier keine ausführliche Auslegung der »Ehetexte« in diesen Kapiteln geben, sondern nur einige Überlegungen zur Sprache bringen, die für unser Thema von Bedeutung sind.

1. Mose 2,24

In 1. Mose 1,27 lesen wir, dass Gott den Menschen als »Mann und Frau« (wörtlich: männlich und weiblich) schuf. Was das bedeutet, wird in Kapitel 2,18-25 näher erklärt. Dort lesen wir, wie Gott Eva aus der Seite Adams bildete und sie ihm gab als eine »Hilfe, ihm entsprechend«. Was dort geschah, wird in Vers 24 zu einem allgemeinen Grundsatz ausgeweitet: »Darum wird ein Mann seinen Vater und seine Mutter verlassen und seiner Frau anhangen und sie werden ein Fleisch sein.« Wir achten hier vor allem auf die Ausdrücke »anhangen« und »ein Fleisch«. Das Wort »anhangen« (anhänglich sein gegenüber ankleben, anhaften) hat keine besondere sexuelle Bedeutung, sondern ist ein bekannter Begriff aus dem Bund zwischen dem Herrn und Israel (siehe 5Mo 10,20; 11,22; 13,4; 30,20; Jos 22,5; 23,8). Das Wort drückt die Liebe, die Anhänglichkeit, die Hingabe aus, die zu einem Bund gehören, der eingegangen wird, ob es nun der Bund zwischen Gott und seinem Volk ist oder der Ehebund zwischen Mann und Frau.

In dieser Linie muss auch der Ausdruck »*ein* Fleisch« gesehen werden. Es geht hier um viel mehr als nur das sexuelle Band, obwohl dies darin natürlich sehr wesentlich inbegriffen ist. Der Ausdruck kann direkt mit den Worten in Vers 23 verbunden werden: »Gebein von meinen Gebeinen und Fleisch von meinem Fleische.« Diese Umschreibung hat natürlich im Fall Adams und Evas eine ganz einmalige Bedeutung aufgrund der Tatsache, dass Eva »vom Manne ... genommen« war. Doch der Ausdruck »mein Gebein und mein Fleisch« wird auch gebraucht, um Blutsverwandtschaft anzudeuten (vgl. 1Mo 29,12-14; Ri 9,2; 2Sam 19,13). In 1. Mose 37,27 nennen die Brüder Josephs ihn »unser Fleisch«. Das Wort »Fleisch« kann in der Schrift viele Bedeutungen haben, doch in solchen Stellen bezeichnet es eine sehr enge Familienbeziehung. Was 1. Mose 2,24 betrifft, bedeutet dies, dass Mann und Frau die Familien ihrer Eltern verlassen, um eine neue Familie zu bilden. Wie sie ursprünglich »Bein und Fleisch« mit ihren Eltern waren, so bilden sie in der Ehe ein völlig neues Band, einen Bund, eine neue Einheit, die wiederum mit den Begriffen »Bein und Fleisch« bezeichnet wird: »ein Fleisch«. In gewisser Hinsicht sind sie Blutsverwandte geworden, so dass Braut und Bräutigam einander sogar Bruder und Schwester nennen (Hl 4,10.12; 5,1ff.; 8,1). Das erklärt, weshalb ein Israelit nach 3. Mose 18 nicht nur keine engen Blutsverwandten heiraten durfte, sondern (wenn der Ehepartner verstorben war) auch keine engen Blutsverwandten des Partners: Durch seine Heirat waren diese Blutsverwandten auch die seinen geworden. (Die Schwagerehe aus 5. Mose 25,5-10 war die große Ausnahme von dieser Regel.)

Maleachi 2

In Maleachi 2 wird eine sehr deutliche Parallele zwischen dem Bund Gottes mit Israel und dem Ehebund gezogen. In Vers 10 wird über den ersten Bund gesprochen, doch in Vers 14 wird die Ehegattin »deine Genossin und die Frau deines Bundes« genannt (vgl. Spr 2,17). So feierlich, wie der Bund zwischen dem Herrn und seinem Volk geschlossen war mit Gelübden seitens des Volkes (2Mo 24,3.7.8), so feierlich wird der Bund zwischen Mann und Frau mit Gelübden auf beiden Seiten geschlossen. Beim Schließen des Ehebundes sind nicht nur menschliche Zeugen anwesend, sondern »der HERR ist Zeuge gewesen zwischen dir und der Frau deiner Jugend« (Mal 2,14). Und so, wie Gott über das Volk erzürnt ist, wenn es seine Bundesgelübde bricht, so sagt er: »So hütet euch in eurem Geiste und handle nicht treulos gegen die Frau deiner Jugend! Denn ich hasse Entlassung, spricht der HERR, der Gott Israels« (V. 15.16).

Aus dem Ausdruck »*ein* Fleisch« in 1. Mose 2,24 darf man nicht den Schluss ziehen, dass lediglich Geschlechtsgemeinschaft eine Ehe »konstituiert«. Diese Ansicht wird oft so weit übertrieben, dass man meint, dass bereits bei Geschlechtsgemeinschaft zwischen Nicht-Verheirateten eine Art Ehe, wenn auch eine gesetzwidrige Ehe, gebildet wird. (Man verweist dabei gern auf 1. Korinther 6, worauf wir später zurückkommen.) Auf dieselbe Weise wird argumentiert, dass Ehebruch die Ehe automatisch breche, ja, dass Ehebruch tatsächlich eine neue Ehe mit dem Partner bilde, mit dem Hurerei verübt wurde. In all diesen Beweisführungen wird die Ehe viel zu einseitig allein an die Geschlechtsgemeinschaft gekoppelt.

Es gibt keine einzige Schriftstelle, nach der Geschlechtsgemeinschaft eine Ehe konstituiert oder eine vorher bestehende Ehe auflöst. Ehen werden durch dazu befugte Personen geschlossen (je nach der Kultur sind das die Eltern, der Stamm, die Kirche, die Obrigkeit). Diejenigen, die die Ehe an Geschlechtsverkehr koppeln, sprechen dann zwar von einer »gesetzwidrigen Ehe«, doch eine gesetzwidrige Ehe ist gar keine Ehe. Aus 2. Mose 22,16.17 und 5. Mose 22,28.29 ist allerdings zu ersehen, dass Geschlechtsgemeinschaft zwischen zwei Unverheirateten normalerweise auf eine Ehe hinausläuft, doch (a) nicht »automatisch«: der Vater des Mädchens kann die Ehe ablehnen (2Mo 22,17); (b) aus der Tatsache, dass auf die Geschlechtsgemeinschaft normalerweise eine Ehe folgt, ist zu ersehen, dass diese Gemeinschaft selbst die Ehe noch nicht konstituiert.

Nach 1. Mose 2,24 und im Licht weiterer Schriftstellen ist nur dann von einer Ehe die Rede, wenn ein Ehebund geschlossen worden ist. Von einem solchen Bund ist im östlichen Sinn – und eigentlich hier im Westen auch noch immer – nur dann die Rede, wenn alle folgenden Bedingungen erfüllt sind:

(1) die Eltern haben ihre Zustimmung gegeben (vgl. 1Mo 21,21; 24,1-4; 29,18.19; 34,4-8; 38,6; Ri 1,12; 14,2.3). (In den westlichen Ländern fordert das Gesetz diese Zustimmung noch immer in Fällen von Minderjährigkeit; doch unter Christen ist diese Zustimmung normalerweise natürlich immer eine geistliche Vorbedingung).

(2) Es werden Eide oder Gelöbnisse abgelegt, die nicht mehr ungeschehen gemacht werden können (vgl. 4Mo 30; 5Mo 7,8; 29,12.14) (vgl. unser »Jawort« vor der gesetzlichen Obrigkeit, das die Ehe eigentlich zustande bringt).

(3) Es sind Zeugen dabei anwesend (wie auch durch unsere Ehegesetze noch immer gefordert wird) (vgl. 1Mo 29,22; Ri 14,10; Mal 2,14).

(4) Auf die öffentliche Eheschließung folgt die Geschlechtsgemeinschaft (vgl. 1Mo 29,23). In den (sehr seltenen) Fällen, in denen aufgrund medizinischer oder psychischer Ursachen in einer Ehe niemals Geschlechtsgemeinschaft stattgefunden hat, kann in dem vollen biblischen Sinn nicht von einer Ehe die Rede sein.

Andererseits ist in diesem Ehebund die Geschlechtsgemeinschaft lediglich ein Aspekt. Daher kann auch keine Rede davon sein, dass dieser Bund durch Ehebruch »automatisch« zerbrochen wäre (wenn es natürlich auch wahr ist, dass, wie gesagt, Ehebruch die Ehe in ihrem Kern antastet). Vor Gott (dem »Zeugen« aus Maleachi 2) und vor der irdischen Obrigkeit sind Ehegelübde abgelegt worden, Gelübde, die niemals ungeschehen gemacht werden können und nur durch den Tod ihre Gültigkeit verlieren.

5. Mose 24,1-4

In diesem Zusammenhang muss selbstverständlich auch über die Vorschriften in 5. Mose 24,1-4 gesprochen werden. Dieser Abschnitt ist oft falsch verstanden worden, weil man davon ausging, dass es sich hier um ein »Scheidungsgesetz« handele. Doch darum geht es hier gar nicht, das heißt, es geht in diesem Abschnitt nicht um Ehescheidung als solche, sondern um die Frage der Wiederheirat nach Ehescheidung. Hier ist keine Rede von »Gesetzgebung« im Zusammenhang mit Ehescheidung: Es geht nicht um die Frage, ob und in welchen Fällen Ehescheidung erlaubt oder sogar »geboten« ist, wie die Pharisäer in Matthäus 19,7 listig behaupteten. Hier wird nicht einmal geboten, dass ein Mann seiner Frau, wenn er sie entlassen will, einen Scheidebrief mitgeben muss. Das alles wird lediglich vorausgesetzt: *Wenn* ein Mann seine Frau entlassen hat (und ihr dabei, wie es sich gehört, einen Scheidebrief mitgegeben hat), *dann* ... Der einzige Schluss, den man hier ziehen kann, ist das, was der Herr Jesus deutlich gemacht hat: »Moses hat wegen eurer Herzenshärtigkeit euch gestattet, eure Frauen zu entlassen ...«, wobei »gestattet« lediglich bedeutet: unausgesprochen gestattet.

Es geht in 5. Mose 24 also nicht um Ehescheidung als solche, sondern um die Frage der Wiederheirat mit dem ersten Partner nach der Scheidung. Es sind viele Erklärungen über die Frage abgegeben worden, weshalb nach 5. Mose 24 ein Mann die Frau nicht wieder heiraten darf, die er entlassen hat und die danach mit einem anderen Mann verheiratet gewesen ist. Die gebräuchlichste Erklärung ist, dass dieses Verbot verhindern sollte, dass ein Mann sich zu schnell scheiden ließ. Diese Erklärung ist jedoch nicht sehr befriedigend. Ein solches Verbot kann zwar eine Besinnung fördern, doch im Allgemeinen wird dieses Verbot einen verbitterten Ehegatten kaum davon zurückhalten, seine Frau zu entlassen; wenn ein Mann seine Frau entlässt, denkt er ja überhaupt nicht daran, dass er sie vielleicht später doch wieder zurückhaben will. Deshalb erscheint es sinnvoller, die Erklärung für dieses Gebot in einer anderen Richtung zu suchen.

Die wichtigsten anderen Erklärungen für dieses Verbot sind diese:

(a) Die zweite Ehe der Frau wird hier als ehebrecherisch betrachtet (siehe das Wort »verunreinigt« in

Vers 4), eine Situation, die noch verschlimmert würde, wenn sie sich von dem zweiten Mann scheiden lassen würde, um wieder den ersten zu heiraten; die Tatsache, dass die Frau Letzteres nicht einmal dann darf, wenn ihr zweiter Mann gestorben ist, wird dann so erklärt, dass sie selbst in diesem Fall verunreinigt *bleibt*.

(b) Das »*Ein*-Fleisch«-Sein mit dem ersten Mann bedeutet eine Art »Blutsverwandtschaft« (siehe oben), die durch die Scheidung nicht aufgehoben wird; deshalb ist nicht nur eine Ehe mit einem anderen Mann eine »Verunreinigung« (V. 4), sondern würde die neue Ehe mit dem ersten Mann etwa dasselbe bedeuten wie eine Ehe zwischen Bruder und Schwester.

Welche auch immer die richtige Erklärung sein mag, beide haben jedenfalls dies gemeinsam: Sie setzen beide voraus, dass das Entlassen der Frau und sogar sexuelle Beziehungen mit einem dritten Partner die »*Ein*-Fleisch«-Beziehung zwischen den ersten beiden Partnern nicht aufheben. Anders ausgedrückt: 5. Mose 24 lehrt nicht zwangsläufig, dass durch Ehescheidung die Ehe vor Gott auch tatsächlich aufgelöst wird; im Gegenteil, eine neue Ehe bedeutet »Verunreinigung«. Das ist eine Schlussfolgerung, die sich auch für den weiteren Verlauf unserer Beweisführung als von großer Bedeutung erweisen wird.

fundamental

Ehescheidung ist das Zerbrechen – sogar formell über die Obrigkeit – einer Beziehung, die in Wirklichkeit (vor Gott) nicht zerbrochen werden kann. So wie man ein völlig ungefügiges Kind aus dem Haus schicken kann, ohne dass dadurch die Blutsverwandtschaft aufgehoben wird, so muss ein Mensch manchmal in eine Ehescheidung einwilligen, ohne dass dies die »*Ein*-Fleisch«-Beziehung ungeschehen macht; diese Parallele ist deshalb so treffend, weil wir oben gesehen haben, dass Ehe im Alten Testament auf eine Linie mit der Blutsverwandtschaft gestellt wird.

Die Evangelien

Wir wollen nun unsere Aufmerksamkeit den bekannten Schriftstellen in Matthäus 5,31.32; 19,3-9; Markus 10,2-12 und Lukas 16,18 zuwenden. Wir sagen im Voraus, dass die größte Schwierigkeit in der Auslegung dieser Stellen entsteht durch die so genannten »Ausnahmeklauseln« in Matthäus 5,32 (»... außer aufgrund von Hurerei ...«) und 19,9 (»... nicht wegen Hurerei ...«). Man kann ruhig sagen, dass der Unterschied in der Auslegung dieser »Zwischensätze« den Kern des Unterschieds zwischen der Anti-Wiederheirats-Auffassung und der Pro-Wiederheirats-Auffassung bildet (wenn beide Auffassungen sich daneben auch noch auf andere Argumente gründen). Wir lassen diese »Zwischensätze« zunächst beiseite und beginnen mit einer kurzen Besprechung der betreffenden Schriftstellen.

Matthäus 5,31-32

In Matthäus 5,27-32 geht der Herr Jesus auf das siebte Gebot ein, »du sollst nicht ehebrechen«, und gibt dem Begriff »Ehebruch« eine sehr weitgehende Bedeutung. Normalerweise bedeutet Ehebruch: Geschlechtsgemeinschaft einer verheirateten Person mit einer anderen, mit der sie nicht verheiratet ist. Christus nennt jedoch auch die folgenden drei Tatbestände »Ehebruch«:

(a) Ehebrecherische Begierden gegenüber der Frau eines anderen beinhalten, dass man in seinem Herzen bereits Ehebruch mit ihr begangen hat (V. 28);

(b) das Entlassen der Ehefrau; dieses Entlassen ist zwar an sich noch kein Ehebruch, doch unter den damaligen sozialen Gegebenheiten hatte eine entlassene Frau keine andere Möglichkeit, als eine neue Ehe einzugehen (oder gab sich manchmal sogar der Prostitution hin!) und damit – in Anbetracht der Tatsache, dass vor Gott die Ehe fortbesteht – beging sie Ehebruch; es ist ihr erster Mann, der vom Herrn für diesen Ehebruch verantwortlich gemacht wird (V. 32a);

(c) das Heiraten einer entlassenen Frau; in Anbetracht der Tatsache, dass das Eheband mit dem ersten Mann vor Gott noch immer besteht, bedeutet eine Ehe mit einer solchen Frau nach den Worten des Herrn Ehebruch (V. 32b).

Der Herr Jesus gebraucht hier für »entlassen« das Wort *apolyo*, bestehend aus den Grundworten *apo* (»von«) und *lyo* (»lösen«). Es hat folgende Bedeutungen: »loslassen, gehen lassen, wegsenden, Abschied nehmen, sich trennen von«. Es kommt im Zusammenhang mit der Ehe auch in Matthäus 1,19 vor, wo Joseph die Maria, »seine Verlobte«, heimlich »entlassen« will. Es ist wichtig festzustellen, dass »entlassen« nicht ohne weiteres mit unserer formellen bürgerlichen Ehescheidung verglichen werden darf. Diese »Ehescheidung« ist wirklich – jedenfalls im Sinn des bürgerlichen Gesetzes, nicht (notwendigerweise) im Sinn des Gesetzes Gottes – eine Scheidung der Ehe, eine Auflösung der Ehe. Doch das »Entlassen« ist keine formelle, von der Obrigkeit vollzogene oder bestätigte Handlung, sondern eine Sache zwischen einem Mann und seiner Frau. Ein Mann »sendet« seine Frau »weg«, was hier also noch weniger bedeutet, dass vor Gott seine Ehe auch tatsächlich gelöst wäre.

Matthäus 19,3-9

In Matthäus 19,3-9 fragen die Pharisäer den Herrn Jesus, ob es einem Mann erlaubt sei, seine Frau aus jeder Ursache zu entlassen. In Markus 10,2 ist ihre Frage so formuliert, dass es dort mehr darum geht, ob Ehescheidung im Allgemeinen erlaubt sei, während es hier um die Frage geht, in welchen Fällen Ehescheidung erlaubt sei. Das war in jenen Tagen einer der großen Streitpunkte unter den Pharisäern, und zwar aus Anlass der Frage, wie 5. Mose 24,1-4 ausgelegt werden müsse. Die strengere Schule des Schammai war der Meinung, dass Ehescheidung nur in Fällen von ernstem sexuellen Bösen wie Ehebruch erlaubt sei, während die liberale Schule des Hillel die Auffassung vertrat, dass jedes Fehlverhalten einer Frau, selbst wenn sie das Essen anbrennen ließ oder zu laut sprach, eine Ehescheidung rechtfertige. Christus stellt sich jedoch über diese ganze Diskussion. Er weist auf 1. Mose 1 und 2 hin und sagt, dass beide Parteien Unrecht haben, da die Ehe ja unauflösbar ist: »Was nun Gott zusammengefügt hat, soll der Mensch nicht scheiden« (V. 6b). Die Ehe ist eine »zusammenfügende« Einrichtung Gottes. Wer Gebrauch davon macht, lässt sich von Gott zusammenfügen. Jede Ehe, ob sie nun Gläubige oder Ungläubige betrifft, wird vor Gott geschlossen, jedes Ehegelöbnis wird vor ihm abgelegt und von ihm bekräftigt. Jede Ehe wird mittels der von ihm verordneten Autoritätspersonen durch ihn geschlossen. Kein Mensch hat das Recht oder selbst die Möglichkeit, eine solche Ehe ungültig zu machen.

Die Pharisäer sehen in dieser Stellungnahme des Herrn einen Widerspruch zu 5. Mose 24 und halten ihm diesen Abschnitt daher auch vor. Doch der Herr zeigt, dass Moses die Ehescheidung »wegen eurer Herzenshärtigkeit« gestattet hat (V. 8a), d. h. wegen der Sündigkeit des Volkes. Mit anderen Worten: Ehescheidung ist eine Sünde – wie die Pharisäer aus Maleachi 2 hätten wissen können –, die im Gesetz lediglich toleriert wurde, doch deshalb noch nicht gutgeheißen werden darf. Außerdem wurde diese Sünde nur für eine Zeit ertragen. Nun ist Christus gekommen, der das Gesetz Moses auf die Schöpfungsordnung, die ersten Grundsätze Gottes, zurückführt: »... von Anfang aber ist es nicht also gewesen« (V. 8b). Diese Worte des Herrn werden durch Vers 9 bekräftigt, der mit den Worten beginnt: »Ich sage euch aber ... .« Diese Worte machen uns deutlich, dass eine bedeutungsvolle Aussage folgt: »... dass wer irgend seine Frau entlassen wird [...] und eine andere heiraten wird, Ehebruch begeht.«

Das ist die eiserne Konsequenz aus dem, was der Herr bis hierher gesagt hatte: Die Ehe ist unauflösbar, so dass jemand, der seine Frau entlässt und eine andere heiratet, im tiefsten ebenso verwerflich handelt wie jemand, der, während die eheliche Beziehung zu seiner Frau noch besteht, ihr untreu ist. Beides ist Ehebruch.

Nun noch ein Wort über die verschiedenen Textvarianten zu Matthäus 19,9. Verschiedene wichtige Handschriften lesen anstelle von »und eine andere heiraten wird, Ehebruch begeht« folgende Worte: »... macht, dass sie Ehebruch begeht«; dieser Satz wird wohl aus Matthäus 5,32 entlehnt sein. Dasselbe wird wohl auch für die »Ausnahmeklausel« gelten, die in 19,9 in einigen Handschriften lautet: »außer aufgrund von Hurerei«, was übrigens inhaltlich auf dasselbe hinausläuft. Am Schluss des Verses fügen einige Handschriften den Schlusssatz von 5,32 (»wer eine Entlassene heiratet, begeht Ehebruch«) oder eine Variante davon hinzu, doch vermutlich beruht das auf einer Anpassung des Textes seitens der Abschreiber an Kapitel 5,32.

Markus 10 und Lukas 16

In Markus 10 wird uns die Begebenheit etwas anders berichtet. Wie bereits gesagt, ist die Frage der Pharisäer hier allgemeiner gestellt: Ist Ehescheidung wohl in irgendeinem Fall erlaubt? In seiner Antwort geht der Herr hier nicht weiter als bis zu der Feststellung des ursprünglichen Schöpfungsgrundsatzes: »Was nun Gott zusammengefügt hat, soll der Mensch nicht scheiden.« Die weiteren Konsequenzen dieses Grundsatzes werden hier nicht öffentlich gegenüber den Pharisäern, sondern im Haus seinen Jüngern gegenüber gezogen. Anstelle einer Konsequenz wie in Matthäus 19,9 sind es hier sogar zwei:

(a) Die erste (V. 11) entspricht Matthäus 19,9, abgesehen von zwei Unterschieden: Die wichtige Ausnahmeklausel fehlt hier, und am Ende sind die Worte »gegen sie« hinzugefügt, die das Weiterbestehen der ersten Ehe noch einmal ausdrücklich unterstreichen: »Wer irgend seine Frau entlassen und eine andere heiraten wird, begeht Ehebruch gegen *sie*.« Denn mit *ihr* ist er vor Gott noch immer verheiratet.

(b) Die zweite Konsequenz (V. 12) lautet: »Und wenn eine Frau [das ist irgendeine Frau, nicht eine der beiden aus V. 11] ihren Mann entlassen und einen anderen heiraten wird, so begeht sie Ehebruch.« Diese Zufügung ist kennzeichnend für das »römische« Evangelium des Markus, denn in der griechisch-römischen Kultur – wie auch in der unsrigen – hatte auch die Frau das Recht, den Ehegatten zu entlassen. Der Herr macht deutlich, dass darin kein Unterschied besteht: Ob es nun der Mann oder die Frau ist, die den Ehepartner entlässt und einen anderen heiratet, in beiden Fällen geht es um Ehebruch.

In Lukas 16,18 finden wir schließlich zwei Grundsätze wieder, denen wir auch schon an anderer Stelle begegnet sind: »Jeder, der seine Frau entlässt und eine andere heiratet, begeht Ehebruch; und jeder, der die von einem Manne Entlassene heiratet, begeht Ehebruch.«

Zusammenfassend nennt der Herr also vier Fälle von Ehebruch nach Ehescheidung: Ehebruch begeht

(a) derjenige, der seine Frau entlässt und eine andere Frau heiratet (Mt 19,9a; Mk 10,11; Lk 16,18a);

(b) diejenige, die ihren Mann entlässt und einen anderen Mann heiratet (Mk 10,12);

(c) diejenige, die von ihrem Mann entlassen ist und einen anderen Mann heiratet (Mt 5,32a; 19,9a in einigen Handschriften);

(d) derjenige, der eine entlassene Frau heiratet (Mt 5,32b; 19,9b in einigen Handschriften; Lk 16,18b).

Offenbar dürfen wir aufgrund von Markus 10,12 ruhig hinzufügen:

(e) derjenige, der von seiner Frau entlassen ist und eine andere Frau heiratet;

(f) diejenige, die einen entlassenen Mann heiratet.

Versuchen wir, dies alles wieder in einem Satz zusammenzufassen, dann könnte dieser wie folgt lauten: Sowohl der/die, der/die entlässt oder entlassen wird und wieder heiratet als auch der/die, der/die eine(n) Verstoßene(n) heiratet, begeht Ehebruch. (Sowohl das Wiederheiraten *durch* einen Entlassenen wie auch *mit* einem Entlassenen ist Ehebruch). Das bedeutet nichts anderes, als zu sagen: Wenn man auch den Partner entlässt, bleibt doch die Ehe vor Gott weiter bestehen, so dass Wiederheirat in diesem Fall ein und dasselbe ist wie eheliche Untreue.

Die Ausnahmeklauseln

Nun kommen wir zu den bekannten »Ausnahmeklauseln« in Matthäus 5,32 (»außer aufgrund von Hurerei«) und 19,9 (»nicht wegen Hurerei«), die für die Vertreter der »Pro-Wiederheirats-Auffassung« der wichtigste (wenn nicht der einzige) Grund sind, um Wiederheirat nach Ehescheidung wegen Ehebruch zuzugestehen. Wir stellen jedoch von vornherein fest, dass es sehr viele unterschiedliche Auslegungen dieser Zwischensätze gibt und dass *eine* und tatsächlich nicht mehr als *eine* dieser vielen Auslegungen Wiederheirat nach Ehescheidung erlaubt! Bei allen anderen Auslegungen ist Wiederheirat nach Ehescheidung *nicht* erlaubt. Das müsste den Vertretern der »Pro-Wiederheirats-Auffassung« doch wohl etwas zu sagen haben: Sie wählen aus den vielen möglichen Auslegungen gerade die eine und einzige aus, die Wiederheirat nach Ehescheidung erlaubt! Das geschieht dann außerdem manchmal mit einer erschreckenden Leichtfertigkeit. Viele haben kein anderes »Argument« – das kein triftiges Argument ist – als zu behaupten: Es steht ja dabei »außer aufgrund von Hurerei«, und *also* darf man sich in diesem Fall wohl scheiden lassen und wieder heiraten! Eine solche Argumentation klingt für einige zwar logisch, ist es aber gar nicht. Ganz zu schweigen von anderen Problemen in Verbindung mit diesen Zwischensätzen, und zwar auf dem Gebiet der Wortbedeutungen und der Grammatik.

Wir können die Probleme in drei Punkten zusammenfassen:

(a) Was bedeuten die griechischen Worte, die mit »außer« (5,32) und »nicht wegen« (19,9) übersetzt sind, eigentlich wörtlich?

(b) Was ist die genaue Bedeutung des Wortes »Hurerei«?

(c) Was ist der grammatikalische Zusammenhang zwischen den Ausnahmeklauseln und den übrigen Satzteilen?

Wir werden die Probleme in dieser Reihenfolge besprechen.

»Außer«/»nicht wegen«

Das griechische Wort für »außer« (Mt 5,32) ist *parektos*. Nach verschiedenen Auslegern hat dieses Wort hier den Sinn von »abgesehen von«, das heißt, »darauf will ich jetzt nicht eingehen« oder »damit will ich mich jetzt nicht befassen«. Diese Ausleger meinen, dass der Herr nicht auf die Frage eingehen wollte, ob dann wenigstens Hurerei – wie die Schule von Schammai meinte – ein Grund für Ehescheidung sein könnte. Er lässt die Frage gänzlich außer Betracht, um auf diese Weise deutlicher den allgemeinen Grundsatz aufstellen zu können: Wenn schon Ehescheidung – sei es nun aufgrund von Hurerei oder nicht –, dann in keinem Fall Wiederheirat. Mit anderen Worten: Es gibt keinen Grund, hier zu behaupten, der Herr würde im Fall von Hurerei doch Wiederheirat nach Ehescheidung erlauben.

Das Wort »wegen« in Matthäus 19,9 ist *epi* mit dem Dativ, das wörtlich »auf« bedeutet und in übertragenem Sinn u. a. »aufgrund von, wegen, um ... willen«. Doch es kann auch bedeuten »bei, neben, abgesehen von«. Nach einigen Auslegern müssen wir dies auch in unserem Text so verstehen; *mä epi*, »nicht bei« oder »nicht abgesehen von« würde dann bedeuten »auch (oder sogar) im Fall von«. Die Bedeutung wäre dann: Sogar im Fall von Hurerei (durch den anderen Partner) gilt, dass Scheidung und Wiederheirat Ehebruch ist. In diesem Fall würde es sich gar nicht um eine Ausnahmeklausel handeln, sondern um eine *Bekräftigung* der Aussage Christi: Sogar die Ausnahme, die Schammai macht, ist nicht zulässig, denn auch dann kommt Scheidung und Wiederheirat einem Ehebruch gleich. Anders gesagt: Hurerei als solche bricht die Ehe nicht, und genauso wenig kann aufgrund von Hurerei die Ehe gebrochen werden. – Es muss jedoch auch darauf hingewiesen werden, dass, wenn die Bedeutung des Grundtextes tatsächlich »auch im Fall von« wäre, dies im Griechischen grammatikalisch sehr schlecht wiedergegeben ist. Es liegt mehr auf der Hand, einfach »außer« zu übersetzen.

»Hurerei«/»Ehebruch«

Was ist die genaue Bedeutung von »Hurerei« in den Zwischensätzen? Es hat immer schon starke Beachtung gefunden, dass der Herr hier nicht das übliche Wort für »Ehebruch« (*moicheia*) gebraucht, sondern *porneia*, das in seinem allgemeinsten Sinn bedeutet: »Unzucht, illegitime Geschlechtsgemeinschaft«, in welcher Form auch immer, also einschließlich Prostitution, Hurerei, Blutschande, Homosexualität, Pädophilie, Bestialität (Geschlechtsverkehr mit Tieren). In Matthäus 15,19 und Markus 7,21 unterscheidet der Herr sie von »Ehebruch«. In unseren »Ausnahmeklauseln« haben die Ausleger diesem Wort eine der folgenden Bedeutungen geben wollen:

I. Unzucht durch Verheiratete

1. Aufgrund der Tatsache, dass *porneia* manchmal »Ehebruch« bedeutet (vgl. z. B. 1Thes 4,3-6), meinen manche, dass man auch in den betreffenden Zwischensätzen an Ehebruch denken müsse. Sie meinen also, dass man hinter dem unterschiedlichen Wortgebrauch nichts Besonderes zu suchen habe.

2. Andere meinen, der Herr denke hier an alle Formen von Unzucht, wovon oben die wichtigsten aufgezählt sind (vgl. 2Mo 22,19; 3Mo 18,22.23; 20,13-16; 5Mo 27,21).

Übrigens unterscheidet sich dies nicht sehr von Auslegung 1, da man, wenn diese Unzucht von Verheirateten geübt wird, sehr wohl von Ehebruch sprechen kann. Deshalb denken viele Ausleger lieber an eine der folgenden Auslegungen, um den Unterschied zwischen *porneia* und *moicheia* mehr zu berücksichtigen.

II. Gesetzwidrige Ehen

Den folgenden Auslegungen ist allen gemeinsam, dass man davon ausgeht, der Herr denke an gesetzwidrige jüdische Ehen, für die seine strenge Aussage nicht gültig sei. (Gerade in dem jüdischen Matthäusevangelium kann man eine solche Ausnahme erwarten.) Wenn in einem solchen Fall die Partner auseinander gehen, gibt es – das habe der Herr gemeint – gar kein Problem, denn vor Gott hat zwischen ihnen niemals eine Ehe bestanden; sie könnten daher auch ruhig einen anderen Partner heiraten. Der Herr Jesus habe dann die Ausnahme gemacht, um nicht den Eindruck zu erwecken, dass er Ehescheidung selbst in dem Fall verbiete, wo von einer gesetzmäßigen Ehe überhaupt keine Rede sein konnte. (Wenn eine dieser Auslegungen richtig ist, unterstreicht das noch einmal, dass Geschlechtsgemeinschaft an sich keine Ehe konstituiert. Ob Geschlechtsverkehr stattgefunden hatte, tat nichts zur Sache. Die Ehe wurde einfach als nicht geschlossen betrachtet![8]) Hier folgen drei Möglichkeiten gesetzwidriger Ehen:

3. Verschiedene Ausleger weisen darauf hin, dass der Jude auch gesetzwidrige Eheverbindungen »Ehebruch« nennt. Man denkt dann an Ehen, die in gutem Glauben zwischen engen Blutsverwandten eingegangen worden sind, doch die in 3. Mose 18,6-18 verboten werden (auch in 1. Korinther 5,1 wird Blutschande »Hurerei« genannt). Der Herr hätte dann gemeint: Eine Ehe, die verbotenerweise geschlossen wird, ist keine gesetzmäßige Ehe und daher kann man in diesem Fall mit gutem Gewissen auseinander gehen. Man kann

nicht von Eheauflösung sprechen, weil in gesetzmäßigem Sinn niemals von einer Eheschließung die Rede war.

4. Einige Ausleger haben gemeint, dass der Herr hier auf voreheliche Unkeuschheit hinziele. Nach dem jüdischen Gesetz bedeutete die »Verlobung« oder das »Aufgebot« im Gegensatz zu unseren Sitten bereits ein unverbrüchliches Band, so dass das Paar als »Mann und Frau« (Ehegatten) bezeichnet wurde (1Mo 29,21; 5Mo 22,23.24; 2Sam 3,14; Mt 1,18-25). Während der Zeit des Aufgebotes (ein Jahr oder länger) hatte das Paar jedoch noch keinen Geschlechtsverkehr. Wenn eine Frau während dieser Zeit Gemeinschaft mit einem anderen Mann hatte, ohne dass ihr Mann es wusste und er also in gutem Glauben die endgültige Ehe mit ihr einging, und die verübte Hurerei kam nach der endgültigen Eheschließung ans Licht, dann betrachtete man die Ehe als nicht geschlossen, da die Ehevoraussetzungen von vornherein verletzt waren. In diesem Fall konnte der Mann sie daher ruhig verstoßen und eine andere heiraten, ohne Ehebruch zu begehen; dieser Auslegung zufolge bestätigt der Herr das hier.

5. Einige Ausleger haben an »geistliche« Hurerei gedacht (vgl. 4Mo 14,33), d. h. an Ehen zwischen

Juden und Nichtjuden, die folglich gesetzwidrig gewesen seien (vgl. Esra 9 und 10; Nehemia 13). Der Herr hätte dann gemeint, es könne geschehen, dass ein Israelit in gutem Glauben mit jemand die Ehe eingehe, von dem er oder sie annimmt, dass sie oder er auch Israelit sei, während sich später herausstellte, dass dies nicht der Fall war. Auch in diesem Fall – noch immer nach diesen Auslegern – könne nicht von einer gesetzmäßigen Ehe die Rede sein und könnten die Partner daher ruhig auseinander gehen. Dies könne unter Umständen sogar für den Fall gelten, dass ein Israelit bewusst mit einer Nicht-Israelitin verheiratet war, das aber später bedauerte.

Die Auslegungen 3, 4 und 5 verdienen unsere Aufmerksamkeit. Sie berücksichtigen den Unterschied zwischen *porneia* (Hurerei) und *moicheia* (Ehebruch) und gehen (sicher bei 3 und 4) von Bedeutungen aus, die uns vielleicht »gesucht« vorkommen, die aber in jenen Tagen unter den Juden alltäglich waren. Das Einzige, was dagegen spricht, ist – und das gilt in geringerem Maß auch für 1 –, dass die allgemeine Bedeutung des Wortes *porneia* hier auf eine spezielle Übertretung beschränkt wird, ohne dass der Text zu einer solchen Einschränkung Anlass zu geben scheint (ein Einwand, dem vielleicht einigermaßen begegnet werden kann, wenn man annimmt, dass der Herr mit »Hurerei« einfach alle Formen gesetzwidriger Ehen meint). Anders ausgedrückt: Ist anzunehmen, dass die Zuhörer in den Tagen des Herrn Jesus direkt an gesetzwidrige Ehen gedacht haben? Unmöglich ist das durchaus nicht; doch wie wahrscheinlich ist es? Demgegenüber kann man jedoch ebenso gut die Frage stellen: Wie wahrscheinlich ist es, dass der Herr in einem Satz zwei verschiedene Wörter, *porneia* und *moicheia* (d. h. ihre ursprünglichen aramäischen Äquivalente) gebraucht haben soll, die hier inhaltlich doch ungefähr auf dasselbe hinauslaufen? Und was uns noch wichtiger erscheint: Wenn es hier nicht um gesetzwidrige Ehen ging, sondern wirklich um Ehebruch und also um eine echte Ausnahme von der Regel, dass man den Partner nicht entlassen darf (also Auslegung 1 und 2), sollte der Herr dann eine so äußerst wichtige Ausnahme wirklich in einem so kurzen, beinahe telegrammstilartigen Zwischensatz abgetan haben?

Für die Anhänger der »Anti-Wiederheirats-Auffassung« ist es an sich nicht notwendig, zwischen diesen verschiedenen Auslegungen zu wählen, denn eine solche Wahl bedeutet für ihre Auffassung keinen Unterschied. Doch die Anhänger der »Pro-Wiederheirats-Auffassung« sind gezwungen, Auslegung 1 oder 2 zu wählen, weil allein darin für sie die eventuelle Möglichkeit liegt, ihre Auffassung aufrechtzuerhalten. Sie müssen dann allerdings zeigen, weshalb keine einzige der doch mindestens ebenso annehmbaren Auslegungen 3, 4 und 5 in Betracht kommt!

Der Sinnzusammenhang in den »Zwischensätzen«

Sehr schwierig ist die grammatikalische Frage nach dem Zusammenhang zwischen den verschiedenen Teilen des Satzes in Matthäus 5,32 und 19,9 oder die Frage, in welchem Zusammenhang die Zwischensätze zu dem Voraufgehenden und Nachfolgenden stehen.

Wir haben bereits festgestellt, dass aus den Zwischensätzen nicht notwendigerweise folgt, dass Ehescheidung und Wiederheirat im Fall von Hurerei *also* erlaubt sind. Die Zwischensätze können nämlich allerlei andere vernünftige Bedeutungen haben wie:

»... außer im Fall von Hurerei ...«, denn

(1) »darauf will ich nun nicht eingehen« (wir nannten dies oben bereits als eine Möglichkeit; in diesem Fall kann aus dem Zwischensatz keinerlei Schlussfolgerung über die Möglichkeit der Wiederheirat gezogen werden);

(2) »in diesem Fall seid ihr natürlich verpflichtet, nach den jüdischen Gesetzen und der jüdischen

Gerichtsbarkeit zu handeln« (das bedeutete seinerzeit Zwang zur Ehescheidung und konnte sogar die Todesstrafe beinhalten, wobei Wiederheirat kein Problem war, denn dann war der schuldige Partner gestorben; in unserer Zeit ist das schwieriger, denn bei uns ist keine Rede von einem Zwang zur Ehescheidung im Fall von Hurerei, geschweige denn von der Todesstrafe; jedenfalls kann die Ausnahmeklausel bei dieser Lesart aber nicht als Zustimmung zur Wiederheirat aufgefasst werden, so dass es keinen schriftgemäßen Grund für Wiederheirat gibt);

(3) »in diesem Fall ist bereits von Ehebruch die Rede« (5,32: Wer seine Frau entlässt, macht, dass sie Ehebruch begeht, außer natürlich, wenn man sie wegen Hurerei entlässt, denn dann hat sie bereits Ehebruch begangen);

»in diesem Fall ist sie es, die Ehebruch zustande bringt« (19,9: Wer seine Frau entlässt und eine andere heiratet, begeht Ehebruch, außer natürlich, wenn man sie wegen Hurerei entlässt, denn in diesem Fall ist es nicht der Mann, sondern die Frau, die den Ehebruch eingeführt hat);

(4) »in diesem Fall ist niemals von einer gesetzmäßigen Ehe die Rede gewesen« (nämlich wenn »Hurerei« nach gutem jüdischen Brauch aufgefasst wird als eine Ehe mit einem Blutsverwand-

ten, Unkeuschheit vor der Ehe oder »geistliche Hurerei«; siehe S. 70), »so dass man ruhig auseinander gehen kann, denn es hat im Sinn des Gesetzes Gottes niemals eine Ehe bestanden«;

(5) »in diesem Fall darf man seine Frau wohl entlassen – es ist ja unmöglich, bei einer ehebrecherischen Frau zu wohnen –, wenn ihr nur im Auge behaltet, dass auch Hurerei die Ehe nicht auflöst, so dass auch in diesem Fall Wiederheirat Ehebruch bedeutet«;

(6) »in diesem Fall darf man seine Frau wohl entlassen, da Hurerei die Ehe als solche zerbricht, so dass in diesem Fall die Ehe aufgelöst wird und ihr auch ruhig wieder heiraten könnt«.

Wir sehen, dass wir die Ausnahmeklauseln auf allerlei Weisen sinnvoll lesen können und dass lediglich bei einer dieser Lesarten (6) der Schluss gezogen werden darf, dass der Herr Wiederheirat im Fall von Ehescheidung wegen Hurerei erlaubt. Für eine so weitgehende Schlussfolgerung muss man dann aber erst nachweisen, dass die anderen Lesarten falsch sind! Außerdem muss man dann von einer Voraussetzung ausgehen, die wir bereits angefochten haben, nämlich der Vorstellung, als würde Ehebruch die Ehe auflösen, was nicht der Fall ist. Und vor allem müsste man nachweisen, dass der Zwischensatz nicht nur auf den Vordersatz (»wer seine Frau entlässt ...«), sondern auch auf den Nachsatz Bezug hat. Mit anderen Worten: Bedeutet der Zwischensatz lediglich, dass man den Ehepartner im Fall von Hurerei entlassen darf (ohne dass dies das Recht auf Wiederheirat in sich schließt), oder bedeutet der Zwischensatz, dass man in diesem Fall nicht nur den Ehepartner entlassen darf, sondern dass in diesem Fall Wiederheirat auch kein Ehebruch ist?

Grammatikalisch ist das eine sehr schwierige Frage, über die schon viele Seiten veröffentlicht sind. Wir wollen nicht zu technisch werden, und deshalb können wir hier nur kurz darauf eingehen. Dabei unterstreichen wir zuerst noch einmal, dass die Frage *nur* dann eine Rolle spielt, *wenn* man alle anderen Auslegungen bereits widerlegt hat und man nur noch zwischen (5) und (6) zu wählen hat! Alle anderen Auslegungen schließen Wiederheirat nach Ehescheidung aus und das gilt sogar für Auslegung (5). Für die Anhänger der »Pro-Wiederheirats-Auffassung« ist der einzige »Strohhalm« also in Auslegung (6) zu finden!

Selbst wenn man gezwungen wäre, zwischen (5) und (6) zu wählen, müsste man unseres Erachtens (5) den Vorzug geben. Wenn wir uns auf Matthäus 19,9 beschränken – nur dort finden wir nämlich sowohl die »Ausnahmeklausel« als auch die Erwähnung einer möglichen Wiederheirat –, dann müsste man nach Auslegung (5) den Satz wie folgt lesen:

»Ich sage euch aber, dass wer seine Frau entlassen wird, [wenn es] nicht wegen Hurerei [geschieht, dass er sie entlässt], und eine andere heiraten wird, Ehebruch begeht.«

Hätte der Zwischensatz nach den Worten »und eine andere heiraten wird« gestanden, dann hätte man das Ganze wie folgt auffassen können: »Wer seine Frau entlassen und eine andere heiraten wird, [wenn es] nicht wegen Hurerei [geschieht, dass er sie entlässt und eine andere heiraten wird], begeht Ehebruch.«

Nun, die Anhänger der Auslegung (6) wollen unseren Vers in dieser letztgenannten Bedeutung lesen, obwohl der Zwischensatz bereits nach dem ersten Satzteil steht; sie lesen daher wie folgt: »Wer seine Frau entlassen wird, [wenn es] nicht wegen Hurerei [geschieht, dass er sie entlässt und eine andere heiratet] und eine andere heiraten wird, begeht Ehebruch.«

Dies ist nach der Ansicht von vielen Kennern des Griechischen eine wohl sehr unwahrscheinliche (wenn nicht unmögliche) Lesart. Wir glauben, dass Auslegung (5) deshalb gewiss den Vorzug verdient, wenn man überhaupt nur zwischen (5) und (6) wählen müsste. Doch hat auch Auslegung (6) kräftige Befürworter gefunden, und wir meinen daher auch, dass sie nicht völlig von der Hand gewiesen werden kann und darf. Das ist die einzige (kleine) Tür, die wir für die »Pro-Wiederheirats-Auffassung« sehen. Doch wir wiederholen dabei zu allem Überfluss noch einmal, dass diese Tür der »Pro-Wiederheirats-Auffassung« nur dann offen steht, wenn nachgewiesen wird, dass Auslegungen (1) bis (4) weitaus unwahrscheinlicher sind als (5) und (6) – und das erscheint uns nun gerade nicht möglich, im Gegenteil. Stärker noch: Es gibt Argumente, durch die Auslegung (6) auf noch schwächere Füße zu stehen kommt, und damit wollen wir uns nun beschäftigen.

Ergänzende Argumente

Neben den Argumenten, die wir aufgrund der Evangelien bereits für die »Anti-Wiederheirats-Auffassung« genannt haben, sollten wir auch noch folgendes bedenken:

(1) Wenn es tatsächlich auch in der neuen Haushaltung eine Möglichkeit zur Wiederheirat gäbe, dann sollten wir doch erwartet haben, dass der Herr Jesus dies auch ausdrücklich erwähnt hätte. Wenn er ja Wiederheirat nach Ehescheidung Ehebruch nennt, dann ist das so ernst, dass es schon sehr deutlich gemacht werden müsste, dass im Fall von Ehescheidung nach Ehebruch die Möglichkeit zur Wiederheirat doch gegeben ist. Der Herr Jesus hat aber diese direkte Zustimmung zur Wiederheirat niemals gegeben; sie ist von den

Anhängern der »Pro-Wiederheirats-Auffassung« lediglich indirekt aus den »Ausnahmeklauseln« abgeleitet worden und das auch noch in einer absolut nicht zwingenden Weise.

(2) Wenn der Herr im Fall von Ehebruch nicht nur Zustimmung zur Ehescheidung, sondern auch zur Wiederheirat gegeben hätte, dann hätte er in der Auseinandersetzung zwischen der Schule des Schammai und der Schule des Hillel schließlich doch Partei ergriffen! Er wäre dann ja tatsächlich mit Schammai einig gewesen. Immer jedoch, wo die Pharisäer und Schriftgelehrten dem Herrn Fangfragen stellten, sehen wir, dass der Herr sich in vollkommener Weisheit über die Streitfragen erhebt und die ganze Frage auf eine andere Ebene bringt (vgl. Lk 20). Nur in Matthäus 19 hätte der Herr dann plötzlich doch für eine der Schulen unter den Pharisäern Partei ergriffen. Das erscheint uns völlig unannehmbar.

(3) Nur wenn wir die »Ausnahmeklauseln« so auffassen, dass Wiederheirat zu allen Zeiten ausgeschlossen ist, entsprechen wir dem strengen Grundsatz von Matthäus 19,6 und Markus 10,9 (der so viel bedeutet wie: »Die Ehe ist unauflösbar«) und von Markus 10,11.12 und Lukas 16,18, wo die Ausnahmeklausel nicht vorkommt oder wo vielmehr Wiederheirat nach Ehescheidung

immer Ehebruch bedeutet. Sollte man annehmen müssen, dass Markus und Lukas unvollständig sind? Liegt es nicht eher auf der Hand anzunehmen, dass auch Matthäus dasselbe sagen will wie Markus und Lukas, nämlich dass Wiederheirat nach Ehescheidung zu jeder Zeit ausgeschlossen ist? Und sollte man die »Ausnahmeklauseln« daher nicht auch so auslegen müssen, dass sie mit dem Grundsatz der Unauflösbarkeit der Ehe nicht im Widerspruch sind?

(4) Nur bei dieser Auslegung ist auch die bestürzte Reaktion der Jünger wirklich zu begreifen: »Seine Jünger sagen zu ihm: Wenn die Sache des Mannes mit der Frau also steht, so ist es nicht ratsam zu heiraten« (Mt 19,10). So entsetzt wären die Jünger doch sicherlich nicht gewesen, wenn der Herr sich einfach für die längst bekannte Auffassung des Schammai entschieden hätte. Nun begriffen sie jedoch, dass eine nach dem Gesetz geschlossene Ehe unauflösbar war und blieb, solange beide Partner lebten, und dass Wiederheirat nach eventueller Entlassung also ausgeschlossen war. Sie entdeckten mit Schrecken, dass nach der Auslegung des Herrn Mann und Frau, solange sie lebten, aneinander gebunden waren, und fragten sich, ob es dann überhaupt vernünftig sei, eine so tief greifende Verpflichtung wie die Ehe einzugehen.

(5) Die »Anti-Wiederheirats-Auffassung« vermeidet eine Absurdität, der die »Pro-Wiederheirats-Auffassung« nicht zu entkommen scheint. Wenn nämlich Ehebruch in die völlige Auflösung der Ehe einmünden würde, hätten sowohl der unschuldige wie auch der schuldige Partner das »Recht«, wieder zu heiraten, denn die vorige Ehe besteht nicht mehr. Es geht aber doch zu weit anzunehmen, dass ein Partner, der einen anderen heiraten will, die bestehende Ehe durch die Sünde des Ehebruchs beenden könnte. Es ist jedoch noch absurder anzunehmen, dass eine – unter den damaligen sozialen Gegebenheiten – beklagenswerte entlassene Frau, die nicht wegen Hurerei entlassen war, nicht wieder heiraten durfte (was für sie zu der Zeit ein schreckliches soziales Los zur Folge hatte) und dass eine Frau, die wegen Hurerei entlassen war, den »Vorteil« genoss, dass sie wieder heiraten konnte. Man hat zwar die Ansicht vertreten, dass die wegen Hurerei entlassene Frau zwar nicht, aber der Mann, der sie entlassen hat, wieder heiraten könne, doch das geht nicht auf. Wenn eine Frau nicht wieder heiraten darf, bedeutet das ja, dass ihre frühere Ehe weiter besteht. Doch in diesem Fall würde ihr Mann, wenn er heiratete, eine Doppelehe führen! Das kann doch nicht die Absicht des Herrn sein. In der »Anti-Wiederheirats-Auffassung« kommt diese Art von Absurditäten nicht vor.

(6) Die »Pro-Wiederheirats-Auffassung« muss in Wirklichkeit annehmen, dass das Wort *apolyo* (»entlassen«) in Matthäus 5,32 und 19,9 zwei ganz unterschiedliche Bedeutungen hat. In »entlassen wegen Hurerei« geht es ja um eine völlige Auflösung der Ehe (nach diesen Auslegern), doch in »entlassen, nicht wegen Hurerei« geht es um wegsenden, während die Ehe unverändert fortbesteht. Es ist kaum anzunehmen, dass der Herr in einem Vers das Wort in zwei so völlig unterschiedlichen Bedeutungen gebraucht haben sollte. In der »Anti-Wiederheirats-Auffassung« ergibt sich diese Schwierigkeit nicht.

Römer 7,2-3

Wir kommen nun zu den Schriftstellen in den Briefen des Paulus, und zwar denen in Römer 7 und 1. Korinther 6 und 7. In Römer 7,2-3 lesen wir: »Denn die verheiratete Frau ist durchs Gesetz an den Mann gebunden, solange er lebt; wenn aber der Mann gestorben ist, so ist sie losgemacht von dem Gesetz des Mannes. So wird sie denn, während der Mann lebt, eine Ehebrecherin geheißen, wenn sie eines anderen Mannes wird; wenn aber der Mann gestorben ist, ist sie frei von dem Gesetz, so dass sie nicht eine Ehebrecherin ist, wenn sie eines anderen Mannes wird.«

Es geht uns nun nicht um den Zusammenhang, in

dem diese Worte stehen (Paulus wendet sie an auf das Gesetz vom Sinai, von dem wir dadurch, dass wir an dem Tod Christi Anteil haben, freigemacht sind), sondern mehr um das, was wir hier bezüglich der Gedanken Gottes über Ehe und Ehescheidung lernen können.

(a) Der erste Teil des Satzes in Vers 2 lautet wörtlich: »Denn die unter dem Mann stehende [= verheiratete] Frau ist an den lebenden Mann [= an den Mann, solange er lebt] durch [das] Gesetz gebunden.« Aufgrund des Gesetzes Gottes und im Grundsatz auch aufgrund der bestehenden Ehegesetze ist die verheiratete Frau an ihren Mann »gebunden«. Das Tätigkeitswort *deo* bedeutet »binden« in wörtlicher und übertragener Bedeutung: Durch Gesetz oder Verpflichtung ist man an eine Person oder Sache »gebunden«. Wir werden diesem Ausdruck auch in 1. Korinther 7,27 begegnen. Es gibt ein unverbrüchliches »Band« zwischen zwei verheirateten Menschen.

(b) Diese Verse sprechen nicht weniger als viermal von »leben« und »sterben«, um als unumstößlichen Grundsatz anzugeben, dass die Ehe weiter besteht, solange beide Partner leben.

(c) Wenn eine verheiratete Frau Gemeinschaft mit einem anderen als ihrem eigenen Mann hat, ist sie eine Ehebrecherin. Hier ist keine Rede davon, dass durch diesen Ehebruch die Ehe zerbrochen wurde. Sie ist eine Ehebrecherin und nicht mehr; die Ehe wird dadurch nicht zerbrochen, sondern bleibt so lange weiterbestehen, wie beide Partner leben.

(d) Hier wird nur ein Fall genannt, wo eine verheiratete Frau wieder einen anderen Mann heiraten darf, und das ist dann, wenn ihr erster Mann gestorben ist.

Nun kann man natürlich einwenden, dass es Paulus hier um einen Vergleich gehe und dass er hier keine Auslegung über Ehe, Ehescheidung und Wiederheirat als solche gebe, so dass man hier auch keine eventuellen Ausnahmen von der Regel erwarten müsse. Anders ausgedrückt: Ob Ehescheidung und Wiederheirat nach Ehebruch erlaubt sind, wird hier einfach nicht behandelt. Das ist an sich wahr, doch man kann mit genauso viel oder mehr Recht behaupten, dass Paulus das Bild gerade deswegen so gut gebrauchen kann, weil es offensichtlich keine Ausnahmen von der Regel gibt: Nur der Tod beendet die bindende Kraft des Gesetzes. Römer 7 passt daher u. E. besser zu der »Anti-Wiederheirats-Auffassung« als zu der »Pro-Wiederheirats-Auffassung«.

1. Korinther 6,16

»Oder wisset ihr nicht, dass wer der Hure anhängt, ein Leib mit ihr ist? ›Denn es werden‹, spricht er, ›die zwei ein Fleisch sein‹«, legt Paulus in 1. Korinther 6,16 dar. Dies ist die Stelle, aufgrund derer die Anhänger der »Pro-Wiederheirats-Auffassung« behaupten, dass Ehebruch (in diesem Fall mit einer Hure) die Ehe zerbreche. Dieser Vers sage ja, dass wer einer Hure »anhängt« (das ist Gemeinschaft mit ihr hat), ein Leib mit ihr sei, und es zeige sich, dass das dasselbe sei wie »ein Fleisch« in 1. Mose 2,24, das hier angeführt wird. Man gehe – so argumentiert man – mit der Hure gleichsam eine »Ehe« ein, wodurch die bisher bestehende Ehe automatisch gelöst werde.

Wer jedoch aufmerksam liest, wird feststellen, dass hier über das Eingehen einer »Ehe« mit der Hure und über das Zerbrechen der bestehenden Ehe gar nichts gesagt wird. Das sind nichts anderes als persönliche Schlussfolgerungen, die zudem von der verkehrten Voraussetzung ausgehen, dass Geschlechtsgemeinschaft eine Ehe begründe und dass Geschlechtsgemeinschaft mit einer dritten Person die bisherige Ehe aufhebe. Die Schrift kennt eine solche Argumentation nicht. Worum es in 1. Korinther 6,16 geht, ist die offensichtliche Tatsache, dass wer mit einer Hure Gemeinschaft hat, »*ein* Leib« mit ihr ist. Paulus erwähnt das hier zur Verdeutlichung seiner

Aussage in Vers 15, dass ein Christ, der hurt, seinen Leib, der ein »Glied« Christi ist (mit Christus verbunden ist), zum »Glied« einer Hure macht (mit einer Hure verbindet). Im Anschluss daran zitiert er dann 1. Mose 2,24.

Die ganze Frage ist nun, was mit diesem Zitat beabsichtigt ist. Das ist an sich gar keine leichte Frage, und wir behaupten auch nicht, die letzte Antwort darauf zu haben. Sicher ist jedoch, dass es viel zu einfach ist, ohne weiteres den Schluss zu ziehen, dass »Leib« und »Fleisch« hier dasselbe bedeuten. Wenn das die Absicht des Apostels Paulus war, warum hat er dann in dem ersten Teil des Satzes nicht einfach gesagt: »Wer der Hure anhängt, ist ein Fleisch mit ihr.«? Die Antwort ist, wie wir aufgrund von 1. Mose 2,24 gesehen haben, dass das »*Ein* Fleisch«-Sein eben viel mehr bedeutet als das »*Ein*-Leib«-Sein. Das »*Ein*-Fleisch«-Sein beinhaltet eine Totalbeziehung nach Seele, Geist und Leib, die durch die Eheschließung zustande gebracht wird. Durch die formelle Eheschließung – die eheliche Gemeinschaft ist lediglich *ein* Aspekt davon – werden Mann und Frau eben »*ein* Fleisch«. Doch ein solches Band will man zu der Hure gerade nicht. Man kann mit ihr zwar »*ein* Leib« werden, doch »*ein* Fleisch« will man mit ihr nicht sein und kann man auch nicht sein.

Wir nehmen daher an, dass Paulus mit seinem Zitat aus 1. Mose 2,24 gerade *nicht* sagen will, dass man mit der Hure »ein Fleisch« wird. Im Gegenteil. Wenn er zitiert »die zwei«, kann er unmöglich einen Hurer und eine Hure meinen, denn in 1. Mose 2,24 sind »die zwei« gerade ein Mann, der seinen Vater und seine Mutter verlassen hat, und seine Frau, der er »anhängt«, das heißt mit der er die Ehe eingegangen ist. Paulus meint u. E., dass derjenige, der mit einer Hure Gemeinschaft hat, eine körperliche Beziehung mit ihr eingeht, die von Gott ausschließlich für den Bereich innerhalb der Ehe bestimmt ist. Wer mit einer Hure ein Leib wird, geht nicht die eine oder andere Art »Ehe« mit ihr ein, sondern tut etwas, das nur zu einer Ehe gehört, das jedoch hier getan wird in einer Situation, wo von einer Ehe gerade überhaupt keine Rede ist.

Wenn der Apostel also nicht sagt, dass man mit der Hure eine Art Ehe eingeht, dann sagt er noch viel weniger, dass die vorige Ehe damit zerbrochen wird – und das ist es nun gerade, worauf es für die Anhänger der »Pro-Wiederheirats-Auffassung« ankommt. Damit wird also ihre gesamte Beweisführung hinfällig, ja, wird ihr wichtigstes Argument hinfällig, warum, wie sie meinen, durch Ehebruch die Ehe zerbrochen wird.

1. Korinther 7

»Den Verheirateten aber gebiete nicht ich, sondern der Herr, dass eine Frau nicht vom Manne geschieden werde (wenn sie aber auch geschieden ist, so bleibe sie unverheiratet oder versöhne sich mit dem Manne) und dass ein Mann seine Frau nicht entlasse. Den Übrigen aber sage ich, nicht der Herr: Wenn ein Bruder eine ungläubige Frau hat und sie willigt ein, bei ihm zu wohnen, so entlasse er sie nicht. Und eine Frau, die einen ungläubigen Mann hat und er willigt ein, bei ihr zu wohnen, so entlasse sie den Mann nicht. Denn der ungläubige Mann ist geheiligt durch die Frau und die ungläubige Frau ist geheiligt durch den Bruder; sonst wären ja eure Kinder unrein, nun aber sind sie heilig. Wenn aber der Ungläubige sich trennt, so trenne er sich. Der Bruder oder die Schwester ist in solchen Fällen nicht gebunden; in Frieden aber hat uns Gott berufen« (V. 10-15).

»Bist du an eine Frau gebunden, so suche nicht los zu werden; bist du frei von einer Frau, so suche keine Frau. Wenn du aber auch heiratest, so hast du nicht gesündigt; und wenn die Jungfrau heiratet, so hat sie nicht gesündigt; aber solche werden Trübsal im Fleische haben; ich aber schone euer« (V. 27.28).

»Eine Frau ist gebunden, so lange Zeit ihr Mann lebt; wenn aber der Mann entschlafen ist, so ist sie frei sich zu verheiraten, an wen sie will, nur im Herrn« (V. 39).

Diese Verse zusammengenommen sind die längste Stelle über Ehescheidung und Wiederheirat in der Schrift und sie verdienen daher unsere volle Aufmerksamkeit. Im Zusammenhang mit unserem Thema können wir sagen, dass die wichtigsten Probleme folgende sind:

(a) Ist das Ehescheidungsverbot des Paulus und sein Verbot, wieder zu heiraten, falls doch eine Ehescheidung stattgefunden hat (V. 10.11), ein absolutes Verbot – und enthält Vers 39 daher auch einen absoluten Grundsatz – oder lässt er einfach den »Ausnahmefall« der Hurerei unberücksichtigt?

(b) Bedeutet das »unverheiratet« in Vers 11 dasselbe wie in Vers 8, mit anderen Worten: Bedeutet es, dass keine Rede (mehr) von einer Ehe ist?

(c) Denkt Paulus in Vers 15 bei dem Wort »trennen« an eine Auflösung der Ehe? Und im Zusammenhang hiermit: Bedeutet »nicht gebunden« in diesem Vers, dass der gläubige Teil nicht länger durch das Band der Ehe an den Ungläubigen gebunden ist, oder bedeutet es etwas anderes? Wie hängt dieses »gebunden« in Vers 15 mit dem »gebunden« in Vers 39 zusammen?

(d) Kann »frei sein von einer Frau« (V. 27) – ein

Fall, in dem man wieder heiraten darf (V. 28)! – sich auch auf eine Situation nach einer Ehescheidung beziehen?

Wir wollen diese Probleme nacheinander besprechen.

Absolute Regeln?

Die erste Frage, die wir soeben formuliert haben (Frage a) erscheint vielleicht etwas merkwürdig. Es handelt sich ja um eine Frage, die ein Anhänger der »Anti-Wiederheirats-Auffassung« niemals gestellt hätte, sondern die typisch ist für die »Pro-Wiederheirats-Auffassung«. Der Anhänger dieser Auffassung muss auf die eine oder andere Weise seine Auffassung über die Ausnahmeklauseln in Matthäus 5,32 und 19,9 in Übereinstimmung mit der eindeutigen Belehrung des Paulus in 1. Korinther 7,10.11.39 bringen. Die »Lösung« ist dann, dass Paulus hier einfach die Frage der Ehescheidung wegen Ehebruchs unberücksichtigt lässt. Man übersieht dabei zwar, dass Ehescheidung wegen Ehebruchs durchaus kein Ausnahmefall ist, sondern eher die Regel. Wenn auch Paulus der Meinung gewesen wäre, dass man im Fall des Ehebruchs seitens des anderen Partners sich von diesem scheiden lassen und wieder heiraten könne, hätten wir gewiss erwartet, dass er es hier erwähnt hätte. Doch stattdessen nennt er im

Fall von Ehescheidung lediglich zwei Möglichkeiten: entweder unverheiratet bleiben oder sich mit dem andern versöhnen (V. 11), und zwar weil ihm zufolge Mann und Frau miteinander verbunden bleiben, solange sie leben (V. 39).

Nun hat man aus dem Ausdruck »unverheiratet« (*agamos*) in Vers 11 – dasselbe Wort wie in Vers 8 und dort auf Personen bezogen, die niemals verheiratet gewesen sind, oder auf Witwer – ableiten wollen, dass Paulus zufolge bei jemandem, der geschieden ist, nicht mehr von einer Ehe die Rede sein könne (siehe Frage b). Wenn das der Fall wäre, wenn die vorige Ehe wirklich gelöst wäre, dann könnten auch keine Bedenken gegen jemanden geltend gemacht werden, der wieder heiratet, so argumentiert man. Diese Schlussfolgerung ist jedoch voreilig. Es ist klar, dass Paulus einfach die juristische Terminologie des weltlichen Ehescheidungsverfahrens benutzt. Das ist auch aus anderen Ausdrücken zu ersehen, die er gebraucht, wie *chorizo* (»geschieden werden«) in den Versen 10, 11 und 15, das in der Zeit des Neuen Testaments beinahe ein Fachausdruck in Verbindung mit Ehescheidung geworden war. Auch *aphiemi* (»entlassen«) in Vers 11 ist ein offizieller Ausdruck aus der Scheidungsrechtsprechung. Paulus übernimmt also die weltliche Scheidungsterminologie. Umso auffallender ist es daher, dass der Apostel – im Gegensatz zu der weltlichen Scheidungsrechtsprechung – ganz klar sagt, dass die von der Obrigkeit formell Geschiedenen nicht wieder heiraten dürfen. Wenn auch eine dazu befugte Obrigkeitsinstanz die Ehe gelöst hat, bleibt sie doch vor Gott offensichtlich weiterbestehen, so dass man entweder – nach weltlichen Maßstäben – »unverheiratet« bleiben oder sich mit dem anderen versöhnen muss.

»Nicht gebunden«

Das ist zugleich die Antwort auf die Frage, wie wir das »nicht gebunden« in Vers 15 zu lesen haben. Es geht dort um den Fall, dass ein Teil eines ungläubigen Ehepaares zum Glauben gekommen ist. In den Versen 12-14 macht Paulus deutlich, dass, wenn der Ungläubige einwilligt, bei dem gläubigen Partner zu bleiben, dies für letzteren gar kein Problem zu sein braucht. Im Gegenteil soll er oder sie den anderen nicht entlassen (*aphiemi*, formelle Ehescheidung). Doch wenn der Ungläubige nicht länger bei dem gläubigen Partner wohnen bleiben will, dann kann letzterer sich darein fügen, dass der andere eine Ehescheidung zustande bringt. Der Bruder oder die Schwester ist in solchen Fällen »nicht gebunden«. Das bedeutet, wenn wir den gesamten Zusammenhang sorgfältig in Augenschein nehmen, u. E. nichts anderes, als dass der Gläubige in diesem Fall frei ist, in eine Ehescheidung einzuwilligen. Er oder sie braucht sich nicht moralisch verpflichtet zu fühlen, koste es, was es wolle, bei dem anderen zu bleiben. Es ist jedoch nichts in dem ganzen Textzusammenhang vorhanden, was auch nur in etwa den Gedanken unterstützen könnte, als bedeutete das »frei, wieder zu heiraten«; im Gegenteil, das wird in Vers 11 ganz klar verboten.

Man kann nicht sagen, dass es in Vers 11 um einen prinzipiell anderen Fall geht als in Vers 15. In Vers 11 geht es um Ehescheidung in der allgemeinsten Bedeutung, während es in Vers 15 um einen besonderen Fall geht, nämlich das Verlassen des Gläubigen durch den Ungläubigen. In beiden Fällen gebraucht Paulus *chorizo*, »geschieden werden, sich trennen«. In Vers 11 geht es vermutlich vor allem um Personen, die bereits geschieden waren, als sie zum Glauben kamen; in Vers 15 geht es um Bekehrte, die von dem ungläubig gebliebenen Partner verlassen werden. Doch in allen Fällen gilt die allgemeine Regel von Vers 11: wenn geschieden, dann nicht wieder heiraten. Der Gläubige ist nicht »gebunden«, bei dem ungläubigen Teil zu bleiben; doch das ändert nichts an der Tatsache, dass vor Gott die Ehe fortbesteht, solange beide Partner leben (V. 39). Die Ehe ist auf Gottes Schöpfungsordnung gegründet und hat nichts damit zu tun, ob die Eheleute gläubig sind oder nicht.

Das Wort »gebunden« darf durchaus nicht mit dem Wort »gebunden« in Römer 7,2 und 1. Korinther 7,39 verwechselt werden, das Bezug hat auf das

Weiterbestehen der Ehe, solange beide Eheleute leben. Die Grundform des Wortes »gebunden« in Vers 39 und Römer 7,2 ist *deo*, doch »gebunden« in Vers 15 ist *douloo*, das wörtlich bedeutet »zum Sklaven machen, unterwerfen«. »Nicht gebunden« bedeutet hier also *nicht* »nicht (mehr) durch die Ehe an den anderen gebunden«, sondern »nicht als Sklave unterworfen, sklavisch gebunden«. Das unterstreicht klar die Bedeutung dieses Wortes: Der Gläubige braucht dem ungläubigen Partner nicht sklavisch nachzulaufen, wenn dieser ihn verlassen will. Der Gläubige braucht nicht länger den ehelichen Pflichten dem anderen gegenüber nachzukommen. Die gläubige Frau braucht sich nicht länger verpflichtet zu fühlen, dem Mann das Essen zu bereiten und den Haushalt für ihn zu führen, also: Sie braucht ihm nicht länger »unterwürfig« zu sein. Der gläubige Mann braucht sich nicht länger verpflichtet zu fühlen, für den Unterhalt seiner Frau zu sorgen. Doch von einer Auflösung der Ehe in den Augen Gottes ist gar nicht die Rede und daher auch nicht von Wiederheirat. Auch wenn der eine dem anderen nicht mehr »unterworfen« ist, so bleibt der Grundsatz von Vers 11 völlig in Kraft: So bleibe er/sie unverheiratet oder versöhne sich mit seiner Frau/ihrem Mann.

Auf diesem Hintergrund tritt nun auch Vers 16 in ein völlig anderes Licht. Im Allgemeinen verbindet man diesen Vers in der Weise mit Vers 15, dass er zu bedeuten scheint: Möge der ungläubige Partner ruhig fortziehen, denn die Möglichkeit ist nicht sehr groß, dass du das Mittel zu seiner Bekehrung wirst. Doch die Kirchenväter lasen diesen Vers ganz anders und vielleicht korrekter (siehe auch die berühmte Grammatik von Blass-Debrunner, § 375). Sie verbanden ihn mit Vers 13 und lasen Vers 16 ungefähr so: »Denn was weißt du, Frau: *wenn* du deinen Mann einmal erretten wirst? Oder was weißt du, Mann: *wenn* du deine Frau einmal erretten wirst?« (Hervorh. vom Autor) Die *New English Bible* übersetzt daher auch (sehr frei): »Bedenke einmal: Als Frau könntest du die Errettung für deinen Mann sein; als Mann könntest du die Errettung für deine Frau sein.« In diesem Fall wird also ganz klar die Aussicht auf Errettung für den ungläubigen Partner geboten. Der Gedankengang ist dann: Lass den ungläubigen Partner ruhig bei dir bleiben (V. 12.13), denn er oder sie ist durch dich geheiligt (V. 14), und du könntest vielleicht das Mittel zur Bekehrung des anderen sein (V. 15). Will dieser jedoch fortziehen, dann bist du nicht verpflichtet, bei dem Ungläubigen zu bleiben (V. 16). Jedoch darfst du nicht wieder heiraten, denn (a) (grundsätzlich) die Ehe bleibt fortbestehen, und (b) (praktisch) der Ungläubige kann immer noch zum Glauben kommen und sich mit dir versöhnen wollen.

»Von einer Frau los«

Die Anhänger der »Pro-Wiederheirats-Auffassung« haben im Blick auf 1. Korinther 7 noch einen Pfeil in ihrem Köcher, und zwar in den Versen 27 und 28: »Bist du an eine Frau gebunden, so suche nicht los zu werden; bist du frei von einer Frau, so suche keine Frau. Wenn du aber auch heiratest, so hast du nicht gesündigt.« Sie argumentieren: »An eine Frau gebunden« beziehe sich auf eine Ehe; »los werden« bedeute Ehescheidung. Sei man von einer Frau geschieden (»los werden« und »los« oder »frei« stammen von demselben Grundwort *lyo* ab, »los werden«), dann gebe Paulus den Rat: Heirate nicht wieder; doch er füge hinzu, dass es keine Sünde sei, wenn man es trotzdem tue.

Diese Argumentation entspricht durchaus nicht dem Zusammenhang. In Vers 25 schneidet Paulus ein völlig neues Thema an, wie in den Worten zum Ausdruck kommt: »Was aber ... betrifft.« Das neue Thema betrifft nicht länger die Witwen, Witwer und die Geschiedenen (V. 8-24), sondern eine völlig neue Gruppe: die »Jungfrauen«, seien es nun Männer oder Frauen (vgl. Verse 27.36 und Offb 14,4). Nun gibt es viele Vermutungen über die Frage, was Paulus mit diesen »Jungfrauen« genau meint, doch jedenfalls geht es nicht um Geschiedene. Erstens hat er dieses Thema vorher abgeschlossen und zweitens sind Geschiedene nicht mehr jungfräulich.

Zwei Erklärungen für die »Jungfrauen« kommen u. E. besonders in Betracht. Der Apostel spricht hier zu Vätern unverheirateter Kinder *oder* zu Gläubigen, die verlobt sind, doch da sie nun Christen geworden sind, sich fragen, ob sie die Ehe eingehen sollen. Diese letzte Erklärung ist u. E. die beste der beiden, weil sie Vers 27 berücksichtigt. Paulus spricht hier entsprechend dieser Auslegung über zwei Arten von »Jungfrauen«: solche, die an eine Frau »gebunden« sind, das ist in diesem Fall: verlobt sind, und solche, die nicht verlobt sind. Dieser zweiten Gruppe rät er: Suche keine Frau. Der ersten Gruppe sagt er: Wenn deine Verlobung in die Ehe mündet, sündigst du nicht. Gerade die Tatsache, dass Paulus hier das Tätigkeitswort *lyo* (»lösen«) und nicht *apolyo* (»entlassen«; siehe Mt 5,32; 19,9), *chorizo* (»sich scheiden lassen, sich trennen«; siehe Verse 10.11.15) oder *aphiemi* (»entlassen«; siehe Verse 11-13) gebraucht, unterstreicht, dass es hier nicht um Ehescheidung geht. Dieses Tätigkeitswort passt besser, wenn es hier tatsächlich um (die Auflösung einer) Verlobung geht. Es ist zwar nicht sicher, dass dies die richtige Auslegung ist, doch in jedem Fall ist sie viel besser als die Annahme, dass es hier (mit) um Geschiedene gehe.

»Verschnittene um des Reiches der Himmel willen«

Wenn wir alle Schriftstellen miteinander vergleichen, ist es für uns praktisch sicher, dass nach Gottes Wort die Ehe fortbesteht, solange beide Eheleute leben; dass es Umstände geben kann, dass sie auseinander gehen (Ehebruch, Unglaube), ohne dass dies die Ehe zerbricht; und dass man daher niemals wieder heiraten kann, solange der andere Teil noch lebt.

Vielen wird dies als ein harter Standpunkt erscheinen. Sie werden vielleicht einwenden, dass sie sich nicht vorstellen können, dass Gott einen Gläubigen zu lebenslangem Unverheiratetbleiben »verurteilt«. Stell dir vor, dass Kinder im Spiel sind, die in einem Alter sind, wo sie einen Vater sehr nötig haben; ist es dann nicht grausam, der Mutter zu »verbieten«, wieder zu heiraten? Doch wer so argumentiert, vergisst etwas:

(a) Wie steht es denn mit den vielen Unverheirateten, die sehr gern verheiratet wären, doch niemals einen Mann bzw. eine Frau »gefunden« haben? Sind auch sie von Gott »verurteilt«?

(b) Wie steht es mit den Witwen, die mit einer großen Familie zurückbleiben und dadurch bestimmt keine »gute Partie« sind? Müssen wir sagen, dass auch sie von Gott »verurteilt« sind?

(c) Argumentieren wir nicht allzu leicht wie die Menschen dieser Welt, die einfach handeln, wie es ihnen in den Sinn kommt? Sind Gläubige berufen, bei jedem Problem die einfachste Lösung zu wählen *oder* dem Wort Gottes zu folgen? Kommt es hier nicht zuallererst auf einen einfältigen Gehorsam gegenüber der Schrift an? Geht es in unserem Leben als Christen darum, dem »Glück« nachzujagen, dazu noch nach unseren eigenen Maßstäben über »Glück«, oder geht es darum, der Gerechtigkeit nachzujagen?

(d) Wenn wir meinen, dass das Unverheiratetbleiben so wenig verständlich, so sinnlos ist, vergessen wir dann nicht allzu leicht das letztendliche Wohl des Partners, der die Scheidung durchgesetzt hat? Haben wir nicht in 1. Korinther 7 gefunden, dass der geschiedene Gläubige niemals die Hoffnung aufgeben darf, dass der Partner zum Glauben kommen kann und sich wieder versöhnen will? Liegt der »Sinn« des Unverheiratetbleibens nicht im Warten auf den anderen, mit dem man doch, solange beide leben, vor Gott verheiratet bleibt?

In diesem Zusammenhang ist es der Mühe wert, einer besonderen Auslegung von Matthäus 19,11.12 Aufmerksamkeit zu schenken, also den beiden Versen, die unmittelbar auf den Abschnitt über Ehe und Ehescheidung folgen. Wir haben gesehen, dass die

Jünger sich in Vers 10 bestürzt fragen, ob es, wenn die Ehe niemals gebrochen werden kann, dann wohl ratsam ist zu heiraten. Darauf antwortet der Herr Jesus mit folgenden Worten: »Nicht alle fassen dieses Wort, sondern denen es gegeben ist; denn es gibt Verschnittene, die von Mutterleibe also geboren sind; und es gibt Verschnittene, die von den Menschen verschnitten worden sind; und es gibt Verschnittene, die sich selbst verschnitten haben um des Reiches der Himmel willen. Wer es zu fassen vermag, der fasse es.«

Im Allgemeinen denkt man bei der ersten Gruppe der »Verschnittenen« an Menschen, die mit missgebildeten Geschlechtsteilen geboren sind, bei der zweiten an solche, die kastriert wurden, und bei der dritten an bildlich »Verschnittene«, d. h. Unverheiratete. Man sieht dann auch einen Zusammenhang mit Vers 10: Der Herr lehrt die Jünger, dass es im Allgemeinen tatsächlich für einen Jünger besser ist, unverheiratet zu bleiben (vgl. 1Kor 7,7.38). Bei dem Ausdruck »nicht alle fassen dieses Wort« denkt man dann bei »dieses Wort« an das, was die Jünger in Vers 10 sagen, und bei »alle« an zwei Klassen von Jüngern: solche, die nicht, und solche, die doch um des Reiches der Himmel willen unverheiratet bleiben.

Einige Ausleger haben jedoch eine andere Auslegung gesucht, die den »Vorteil« hat, (a) dass diese Belehrung des Herrn nicht nur mit Vers 10 in Zusammenhang gebracht wird, sondern auch mit dem, was der Herr in den Versen 3-9 über Ehescheidung gesagt hat, (b) dass man bei »dieses Wort« nicht an die Worte der Jünger (V. 10), sondern an die Belehrung des Herrn in Vers 9 denken kann, und (c) dass man bei »alle« in Vers 11 nicht an zwei Klassen von Jüngern zu denken braucht, sondern an die Pharisäer einerseits, die die Belehrung Christi über Ehescheidung ablehnten, und die Jünger andererseits, die diese Belehrung annahmen (vgl. in demselben Sinn z. B. Mt 13,11.51). Nach dieser Auslegung geht es in Vers 12 nicht um solche, die freiwillig auf die Ehe verzichten, sondern um solche, die im Gehorsam gegenüber dem Herrn nach einer Ehescheidung unverheiratet bleiben! Pharisäer und andere können seine Belehrung nicht »fassen« (vgl. Joh 6,65; 8,43), doch wahre Jünger Christi wohl (vgl. V. 11a.12d). Wir brauchen hier nicht ausführlich darauf einzugehen, weshalb diese Auslegung u. E. den Vorzug vor der traditionellen Auslegung verdient, obwohl dafür verschiedene Gründe zu nennen wären. Wir begnügen uns damit festzustellen, dass, wenn diese Auslegung die richtige ist, wir hier eine besondere Belehrung des Herrn haben, um diejenigen zu stützen, die geschieden sind: Der wahre Jünger Christi darf auf die Gnade Gottes rechnen, um nach den Grundsätzen seines Reiches tatsächlich unverheiratet zu bleiben, solange der frühere Ehepartner noch lebt.

Doch wieder heiraten?

Im Vorhergehenden haben wir in der Meinungsverschiedenheit zwischen den Anhängern der »Pro-Wiederheirats-Auffassung« und denen der »Anti-Wiederheirats-Auffassung« sehr deutlich Partei ergriffen. Für uns besteht kaum ein Zweifel, dass letztere Auffassung diejenige ist, die die Schrift lehrt. Doch wir möchten auch den Anhängern der »Anti-Wiederheirats-Auffassung« etwas zu bedenken geben, nämlich dass sie etwas mehr Bescheidenheit an den Tag legen sollten, als es häufig geschieht. Ehescheidung und Wiederheirat ist und bleibt eine sehr schwierige Frage, die man für sich selbst erst durch intensives Schriftstudium (vorsichtig) beantworten kann. Selbst wenn man, wie wir, mit Überzeugung zu der »Anti-Wiederheirats-Auffassung« kommt, dann muss man noch ehrlichkeitshalber zugeben, dass die »Pro-Wiederheirats-Auffassung« nicht mit hundertprozentiger Sicherheit abgelehnt werden kann. Wir sehen zwar für letztere Auffassung lediglich eine äußerst geringe Möglichkeit, doch die müssen wir schließlich stehen lassen. Dabei denken wir vor allem daran, dass sehr große Bibelausleger in der Vergangenheit diese – u. E. nicht richtige – Auffassung vertreten haben. Auch das muss uns zur Bescheidenheit mahnen.

Wenn wir mit jemandem, der geschieden ist und gern wieder heiraten möchte, sprechen, dann sollten wir ihm/ihr darlegen, wie wir die Schrift in diesem

Punkt verstehen, das heißt, wir sollten sehr von einer Wiederheirat abraten (selbstverständlich muss das in einer seelsorgerlich zu verantwortenden Weise geschehen, wie in Kapitel 1 dargelegt ist). Wenn so jemand aber doch meint, dass die Schrift ihm oder ihr in diesem Punkt das Recht zur Wiederheirat lässt – und wenn andere Schriftausleger ihm oder ihr darin Recht geben –, dann sollten wir solchen nicht im Weg stehen. Doch möchten wir dann Folgendes fragen: Ist der Betreffende wirklich vor dem Herrn überzeugt, dass er der Schrift entspricht, wenn er meint, dass die Schrift Geschiedenen erlaubt, wieder zu heiraten? Anders ausgedrückt: Wird man tatsächlich mit einem guten Gewissen – im Glauben – wieder heiraten?

Wer meint, nach Ehescheidung wieder heiraten zu können, wird das u. E. doch nur unter folgenden Voraussetzungen tun können, das heißt, eine Wiederheirat ist nur dann möglich (wenn überhaupt, was wir, wie gesagt, sehr bezweifeln), wenn folgenden Voraussetzungen entsprochen ist:

(1) Der Grund für die Ehescheidung ist Ehebruch seitens des anderen Partners gewesen.

(2) Der schuldige Teil hat im Blick auf diesen Ehebruch keine Reue gezeigt, sondern hat vielmehr auf seinem bösen Weg verharrt.

(3) Der Betreffende hat selbst nicht die Initiative zur Ehescheidung ergriffen, sondern der andere Teil.

(4) Der Betreffende hat sich der Scheidung widersetzt, so lange er konnte, doch sich schließlich notgedrungen in die Scheidung fügen müssen.

(5) Der andere Partner ist inzwischen mit jemand anders verheiratet, so dass der Weg zur Versöhnung dadurch abgeschnitten ist.

Nähere Erläuterungen hierzu werden wohl erwünscht sein. Als Regel gilt, dass der Gläubige nicht das Recht hat, selbst die Initiative zu einer Scheidung zu ergreifen. Übrigens ist auch diese Regel nicht ohne Ausnahmen. Stellen wir uns den Fall vor, dass der ehebrecherische Mann ruhig weiter zu Hause wohnt, nicht an einer Ehescheidung interessiert ist, sondern seine Frau mehr oder weniger aus dem Haus jagt und das sogar, ohne ihr Mittel zum Lebensunterhalt zu überlassen. Dann kann die Frau unter Umständen praktisch gezwungen sein, zumindest gerichtliche Maßnahmen zu erwirken, um für sich und eventuelle Kinder Lebensunterhalt zu bekommen durch einen Unterhaltsbeitrag oder Unterstützung durch die Obrigkeit. (Wenn die Mitgläubigen dagegen sind, müssen sie selbst die Sorge für diese Familie auf sich nehmen!) Doch normalerweise darf der Gläubige in keiner Weise an einer Ehescheidung mitwirken, sondern kann sich unter der heutigen Gesetzgebung höchstens in eine schließlich durchgesetzte Ehescheidung schicken. (Siehe hierüber ausführlicher Kapitel 3).

Sehr wichtig ist auch die Voraussetzung, dass der schuldige Teil inzwischen wieder verheiratet ist, da es sicher sein muss, dass der Weg zu einer möglichen Versöhnung völlig abgeschnitten ist. Solange der andere unverheiratet ist, wird der unschuldige Teil abwarten müssen, ob der andere nicht noch zurückkehren und sich aussöhnen will. Erst wenn der andere wieder verheiratet ist, kann man diese Forderung schwerlich noch stellen. Selbst wenn der andere Witwer bzw. Witwe werden sollte, kann man sich ja, sicherlich im Licht von 5. Mose 24,1-4, fragen, ob der unschuldige Teil darauf warten muss. (Verboten ist in der neuen Haushaltung eine solche neue Ehe zwischen den ursprünglichen Partnern nicht, doch auch nicht ohne weiteres naheliegend.)

Nun noch ein Wort zu dem Begriff »der unschuldige Partner«. Man muss damit sehr vorsichtig sein. Wenn einer der Eheleute in die Sünde des Ehebruchs fällt, braucht das nicht zu bedeuten, dass die Ehe nicht gut war; doch es kann sehr wohl sein, dass eine schlechte Beziehung in der Ehe eine der Ursachen des Falls ist (ohne dass dies die Sünde natürlich entschuldigt). Doch vor allem dann, wenn jemand in Ehebruch lebt und/oder den anderen für dauernd verlassen hat, wird der verlassene Partner sich ernstlich fragen müssen, ob er oder sie daran nicht mitschuldig ist. In den weitaus meisten Fällen wird der »unschuldige Partner«, wenn er/sie aufrichtig ist, anerkennen müssen, dem anderen gegenüber in vielem versagt zu haben. Allein das wäre schon ein Grund, dass dieser Gläubige um des Gewissens willen von einer neuen Heirat absieht (wenn eine solche Heirat nach der Schrift überhaupt in Frage kommt) bzw. dass die betreffende Gemeinde ihm oder ihr von der Heirat dringend abrät. Gerade weil »unschuldige Partner« im Allgemeinen nicht (völlig) unschuldig sind, wäre es schrecklich, wenn sie den Ehebruch des anderen als eine Entschuldigung nehmen würden, um den anderen zu entlassen oder allzu schnell in eine Scheidung einzuwilligen oder unmittelbar an eine neue Heirat zu denken.

»Aber Wiederheirat ist doch Ehebruch?«

Die im vorigen Absatz aufgezeigte Nuancierung berührt einen sehr schwierigen Punkt. Ist nicht nach der »Anti-Wiederheirats-Auffassung« jede Wiederheirat nach Ehescheidung doch eine Form des Ehebruchs? Wenn wir diese Überzeugung vertreten, können wir doch niemals unsere Zustimmung dazu geben, dass Geschiedene wieder heiraten? Bedeutet das nicht, dass wir Ehebrecher am Tisch des Herrn dulden? Wie kann eine Gemeinde davon überzeugt sein, dass Wiederheirat Ehebruch ist und doch wiederverheiratete Geschiedene zum Abendmahl zulassen?

Um diese Frage der Gemeindezucht im Fall von Wiederheirat nach einer Ehescheidung geht es uns jetzt. Dabei wollen wir uns ausdrücklich auf den Fall von jemand beschränken, der (a) geschieden ist wegen Ehebruchs durch den anderen, (b) selbst nicht an der Ehescheidung mitgewirkt hat und (c) dessen früherer Partner inzwischen selbst wieder verheiratet ist. Wenn der Betreffende selbst ebenso deutlich Schuld hat oder geschieden ist, ohne dass von Ehebruch die Rede war, oder selbst auf Scheidung geklagt hat oder nicht warten will, bis der frühere Partner selbst wieder heiratet usw., dann kann eine bestimmte Form der Gemeindezucht ganz bestimmt angezeigt sein, je nachdem die betreffende Gemeinde es vor dem Angesicht Gottes für gut und nützlich erachtet. Wir wollen hier durchaus nicht allerlei mögliche Situationen besprechen und aufzeigen, wie eine Gemeinde in diesen Fällen handeln sollte. Erstens ist es unweise und unmöglich, alle denkbaren Situationen aufzuzählen, und zweitens ist eine Gemeinde, so lange die Grundsätze des Wortes Gottes deutlich sind, sehr wohl selbst in der Lage, geleitet durch den Heiligen Geist, jede vorkommende Situation zu lösen.

Doch gerade in solchen schwierigen Situationen werden einige wichtige Grundsätze aus dem Wort Gottes oft nicht klar erkannt, was dann nicht selten zu ernsten Spannungen zwischen den Anhängern der »Pro-Wiederheirats-Auffassung« einerseits und denen der »Anti-Wiederheirats-Auffassung« andererseits führt. Es geht vor allem um zwei Grundsätze, über die wir nun etwas ausführlicher sprechen müssen.

(1) Wenn jemand aus voller Überzeugung mit einem aufrichtigen Herzen Gottes Willen in einer bestimmten Sache gesucht hat und fest davon überzeugt ist, nach der Schrift zu handeln, dürfen wir ihn oder sie – auch wenn wir in der Sache selbst eine felsenfeste andere Überzeugung haben – nicht mit jemandem gleichstellen, der vorsätzlich Böses tut. »Alles aber, was nicht aus Glauben ist, ist Sünde« (Röm 14,23). Wenn jemand wirklich ein Gebetsanliegen daraus gemacht hat, gründlich die Schrift auf sich hat einwirken lassen und doch zu der Schlussfolgerung gekommen ist, dass er oder sie wieder heiraten durfte, geziemt uns zweifellos eine große Bescheidenheit. Wir dürfen nicht vergessen, dass es hier um einen äußerst schwierigen Punkt der Schriftauslegung geht. Und die Beurteilung jeder besonderen Situation soll daher auch nicht nur entsprechend lehrmäßiger Richtlinien, sondern in seelsorgerlicher Weise geschehen: Sind die Betreffenden wirklich vor dem Angesicht Gottes in Demütigung und betender Abhängigkeit zu ihrem Entschluss gekommen oder war es ein Weg des Eigenwillens? Es gibt Christen (um ein anderes Beispiel zu nennen), die mit der Hand auf dem Wort Gottes die feste Überzeugung haben, dass verheiratete Frauen keine Arbeitsstelle außerhalb des Hauses haben dürfen – aber sie werden doch die gewissenhafte anders lautende Entscheidung ihrer Mitgläubigen anerkennen müssen. Es gibt

Christen, die glauben, auf festem biblischen Grund zu stehen, wenn sie behaupten, dass Rauchen und Alkoholgenuss Sünde sind – doch auch sie müssen bescheiden sein in der Beurteilung ihrer Brüder und ihrer Schwestern, die durchaus vor Gottes Angesicht der Meinung sein können, die Freiheit dazu zu haben.

Aber, wird man darauf vielleicht einwenden, dabei geht es um verhältnismäßig »unschuldige« Dinge. Ein Fall von (nach der »Anti-Wiederheirats-Auffassung«) unerlaubter Wiederheirat ist dagegen sehr ernst. Es ist nichts weniger als Ehebruch!

(2) Das bringt uns zu einem zweiten wichtigen Grundsatz. Nicht jede Sünde ist mit einer anderen gleichzustellen. Vor allem dürfen wir nicht – selbst nicht aufgrund der u. E. sehr fundierten »Anti-Wiederheirats-Auffassung« – Wiederheirat auf genau dieselbe Linie wie Ehebruch stellen. Dies ist eine sehr wichtige Frage, die erfordert, dass wir unsere Aufmerksamkeit nochmals Matthäus 5,32 und 19,9 zuwenden. Gerade aus der so genannten Bergpredigt ist sehr deutlich zu ersehen, in welchem Sinn der Herr Jesus hier über »Ehebruch« spricht. Wir finden in Matthäus 5 eine Behandlung von sechs verschiedenen Geboten und Verboten aus dem Gesetz Moses, und zwar in der Weise, dass der Herr hier meistens

auf drei Punkte eingeht: (a) Er widerlegt die falschen Zufügungen bzw. die falschen Interpretationen der »Alten« (die rabbinische Tradition); (b) er verschärft die Strenge der behandelten Ge- und Verbote, indem er sie auf weitaus mehr Situationen anwendet, als man dabei normalerweise im Auge hat, oder indem er auf das ewige Gericht hinweist; (c) er gibt den Verboten eine positive Wendung, indem er angibt, was man statt des Verbotenen tun soll.

Es geht uns nun vor allem um Punkt (b). Achten wir einmal auf das erste behandelte Verbot: »Du sollst nicht töten« (Mt 5,21-26). Der Herr macht deutlich, dass dieses Verbot in seiner eigentlichen, von Gott beabsichtigten Tiefe nicht nur auf tatsächlichen Totschlag, sondern auch auf Verachtung und Hass anwendbar ist. In der Bergpredigt stellt der Herr die Dinge absichtlich schwarz-weiß vor, damit uns die Schrecklichkeit der Sünde und auch der Ernst der Gebote Gottes durchdringend zum Bewusstsein kommt. Er will seine Jünger davor bewahren zu denken, dass sie mit sich selbst »zufrieden« sein könnten im Blick auf das sechste Gebot, solange sie niemand totgeschlagen haben. Er zeigt, dass ein Mensch schließlich wegen der kleinsten Sünde verloren geht (vgl. Jak 2,10): Er verfällt nicht nur wegen Totschlags, sondern auch wegen Verachtung und Hass dem ewigen Feuer der Hölle!

Doch eine solche Predigt können wir nicht ohne weiteres auf die Zucht der Gemeinde anwenden. In der Praxis müssen wir klar einen Unterschied zwischen Verachtung und Totschlag machen. Wer einen Menschen ermordet, bekommt es nicht nur mit dem Zivilrichter, sondern auch mit der Zucht der Gemeinde zu tun. Muss jedoch Verachtung in der Gemeinde genauso streng behandelt werden wie Totschlag? Wenn jeder Gläubige, der Verachtung in seinem Herzen fühlt – vorausgesetzt, dass all diese Verachtung ans Licht käme, was meistens nicht einmal der Fall ist –, dafür von der Gemeinde ausgeschlossen werden müsste, wie viele würden dann übrig bleiben? Man verstehe uns nicht falsch: Wir sagen das nicht, um Verachtung und Hass zu beschönigen, im Gegenteil; Verachtung reicht aus, dass ein Mensch, wenn er sich nicht bekehrt, in die Hölle kommt. Trotzdem müssen Verachtung und Totschlag bei der Zucht der Gemeinde unterschieden werden, genauso wie das in der zivilen Gesetzgebung der Fall ist! Wenn es um das ewige Gericht geht, sind Verachtung und Totschlag letztendlich gleich schlimm; doch in der Praxis machen wir (zu Recht) einen gewaltigen Unterschied zwischen jemandem, der seinen Bruder hasst, und jemandem, der seinen Bruder hasst und erschlägt. (Es ist selbstverständlich, dass jemand, der in verachtenden Gedanken *verharrt* und diese auch in einer bösen Haltung gegenüber seinem Mitgläubigen zum Ausdruck bringt, ganz klar unter die Zucht der Gemeinde fällt. Das Gleiche gilt für ehebrecherische Gedanken, über die wir anschließend sprechen.)

So ist es nun auch im Blick auf das siebte Gebot, das der Herr in den Versen 27-32 behandelt (und dasselbe gilt für Matthäus 19,9). Wenn es um das ewige Gericht geht, sind ehebrecherische Gedanken, wirklicher Ehebruch und Wiederheirat nach Ehescheidung alle gleich schlimm. Doch in der Praxis der Zucht der Gemeinde machen wir zu Recht einen großen Unterschied. Jemand, bei dem sich herausstellt, dass er in der Sünde des Ehebruchs lebt, wird dafür ohne weiteres ausgeschlossen (vgl. 1Kor 5). Doch gilt das auch für jemanden, der ehebrecherische Gedanken hegt? Angenommen, dass diese alle ans Licht kämen, würde diese Sünde – denn Sünde ist es, davon ist nichts wegzunehmen – ebenso streng wie tatsächlicher Ehebruch von der Gemeinde behandelt werden? Natürlich nicht. Ein ehebrecherischer Gedanke reicht aus, um den Menschen, der sich nicht bekehrt, in die Hölle zu bringen. Bei der Zucht der Gemeinde gilt jedoch: Wer würde wagen, wenn es um ehebrecherische Gedanken geht, den ersten Stein zu werfen?

Nun, eine ähnliche Erörterung kann man im Blick auf Wiederheirat nach Ehescheidung anstellen. Es ist einfach unzulässig, einen wiederverheirateten Geschiedenen auf eine Stufe mit jemandem zu stellen, der innerhalb einer Ehe den Partner durch

Ehebruch betrügt. Normalerweise geht es bei dem wiederverheirateten Geschiedenen um jemanden, der »unschuldig« geschieden ist, selbst nicht in Ehebruch lebt oder gelebt hat, der in die Ehescheidung wegen der Untreue des anderen und weil dieser die Scheidung durchgesetzt hat, einwilligen musste und schließlich mit einem anderen Partner wiederverheiratet ist, mit dem er eine dem Gesetz gemäße, zivile Ehe eingegangen ist und den er nicht durch Ehebruch betrügt. Es beruht auf einem völlig falschen Verständnis der Bergpredigt – und auch auf einem völlig verkehrten Verständnis von »Sünde« im Allgemeinen –, wenn man keinen praktischen Unterschied macht zwischen so jemandem und jemandem, der seinem Partner untreu ist, indem er Ehebruch mit einem Dritten verübt hat.

Wir fassen die beiden genannten Grundsätze noch einmal zusammen. Erstens: Man kann – wie wir – überzeugt sein, dass Wiederheirat nach Ehescheidung unschriftgemäß ist; trotzdem ist es unzulässig, einen Wiederverheirateten ebenso streng zu »behandeln« wie einen Ehebrecher. Wir würden jemandem stark davon abraten, nach einer Ehescheidung wieder zu heiraten; doch wir würden es letztendlich dem Gewissen dieser Person überlassen, was sie selbst vor dem Herrn meint, verantworten zu können. Und wenn die betreffende Person dann doch wieder heiraten sollte, würden wir das persönlich zutiefst bedauern; doch es wäre für uns kein Grund, mit so jemand nicht mehr das Brot brechen zu können.

Zweitens: Jede Sünde muss im Licht des Herrn gewogen werden. Das gilt auch für die Beurteilung von »unerlaubter« Wiederheirat als Ehebruch. Wer meint, dass Ausschluss hier geboten ist, muss konsequent sein: Er müsste unmittelbar dazu übergehen, jeden, der einmal missachtende oder ehebrecherische Gedanken nährt, auch auszuschließen. Vielleicht müsste er dann bei sich selbst anfangen ...

»Doch was, wenn ...?«

Eins der Probleme bezüglich Ehescheidung und Wiederheirat ist nun gerade die Ausdehnung der Problematik: Es sind so unzählig viele unterschiedliche Situationen denkbar, die man unmöglich alle aufzählen und besprechen kann. Deshalb wollen und müssen wir uns absolut auf die Behandlung der »Grundsätze« beschränken und nicht auf »Fälle«. Es gibt jedoch einen Punkt, den wir unbedingt noch nennen müssen. Das betrifft nicht einen bestimmten »Fall«, sondern einen Grundsatz, der noch nicht behandelt worden ist: Was soll geschehen, wenn jemand doch aus einem anderen Grund als Ehebruch geschieden ist? Was soll geschehen, wenn es nun doch der »unschuldige« Partner ist, der auf Ehescheidung geklagt hat? Was soll geschehen, wenn ein Geschiedener nun doch wieder verheiratet ist, ohne dass der vorige Partner gestorben oder wieder verheiratet ist? Was soll geschehen, wenn ein Geschiedener nun wieder verheiratet ist, ohne dass der frühere Partner jemals Ehebruch verübt hat und unverheiratet geblieben ist? Können solche Geschiedenen jemals wieder zum Tisch des Herrn zugelassen werden? Sie befinden sich in einer völlig verwerflichen Situation, die in den meisten Fällen auch nicht wieder gutgemacht werden kann. Sie müssen die Folgen davon tragen. Bedeutet das auch, dass sie nie mehr am Brotbrechen teilnehmen können?

Wir glauben, dass man das nicht sagen kann. Noch stärker: Wir meinen, dass es dem Grundsatz nach keine einzige Situation gibt, weshalb der Gläubige niemals wieder am Abendmahl teilnehmen könnte, bis auf eine Ausnahme – und um diese große Ausnahme dreht sich alles: ein unbußfertiges Herz. Einerseits gilt: Wer seine Sünde nicht bekennen will, kann nicht wiederhergestellt werden, weder in Gemeinschaft mit dem Herrn noch in Gemeinschaft mit den Mitgläubigen. Doch andererseits gilt: Wer seine Sünden aufrichtig bekennt, kann immer wieder zugelassen werden zum Abendmahl, auch wenn die traurigen Folgen dieser Sünden nicht mehr ungeschehen gemacht werden können. Wer die Möglichkeit einer solchen Wiederzulassung leugnet, begeht u. E. zwei Fehler:

(a) Er verkennt den Charakter der *Gnade* der gegenwärtigen neutestamentlichen Haushaltung. Durch diese Gnade gibt es Vergebung für jede Sünde, ist in der Gemeinde Gottes Platz für jeden Übertreter, der seine Sünden bekennt und lässt (vgl. Spr 28,13), gibt es daher Platz am Tisch des Herrn für jeden Gläubigen, der dieser Voraussetzung entspricht. Selbst wenn »lassen« im strengen Sinn nicht möglich ist, indem eine neue und unerlaubte Ehe eingegangen worden ist, kann Letzteres doch als Sünde bekannt und verurteilt werden, auch wenn die neue Ehe nicht mehr ungeschehen gemacht werden kann. »Lassen« bedeutet hier nicht, dass die neue Ehe zerbrochen wird, sondern dass man niemals mehr eine neue Ehe schließen kann.

(b) Der zweite Fehler ist, dass derjenige, der gegen Wiederzulassung zum Abendmahl ist, nicht den biblischen Unterschied zwischen der Sünde an sich und ihren Folgen macht. Die Folgen der Sünde Davids mit Bathseba konnten nie mehr ungeschehen gemacht werden – das Schwert würde niemals mehr von seinem Haus weichen –, doch die Sünde selbst wurde, nachdem sie aufrichtig bekannt war, von Herzen vergeben. David wurde nicht aus der Gemeinde des Herrn verstoßen, denn er hatte seine Sünde in aufrichtiger Reue bekannt, wenn auch ihre Folgen (im Besonderen seine auf so böse Weise zustande gekommene Ehe mit Bathseba) fortdauerten, solange er lebte.

Wenn dies bereits während der alten Haushaltung galt, wie viel mehr gilt dies dann in der Haushaltung der Gnade! Auch jetzt gilt, dass dort, wo tiefe Reue und aufrichtiges Bekenntnis gefunden werden, nicht nur der Herr vergibt, sondern auch die Gemeinde vergeben muss (vgl. Joh 20,23). Reue und Bekenntnis bedeuten in diesem Fall, dass der Betreffende als Sünde bekennt, dass er oder sie selbst Ehebruch verübt hat oder selbst eine Scheidung durchgesetzt hat oder moralische Mitschuld an der Scheidung hatte oder zu Unrecht wieder verheiratet ist (vor allem, wenn der frühere Partner noch lebt). Ein solches Bekenntnis darf und kann natürlich nicht beinhalten, dass die neu geschlossene Ehe gelöst werden müsste. Man kann das Böse einer Ehescheidung und Wiederheirat nicht durch das neue Böse einer Ehescheidung wieder gutmachen. Außerdem würde eine neue Ehescheidung ein großes Unrecht gegenüber dem neuen Partner bedeuten, mit dem man verheiratet ist. Nein, wie gesagt, die Folgen verkehrter Taten können in diesem Fall nicht mehr ungeschehen gemacht werden. Doch dort, wo jedenfalls die Sünde aufrichtig vor Gott und vor der Gemeinde bekannt wird, gibt es keinen schriftgemäßen Hinderungsgrund, so jemanden wieder zum Tisch des Herrn zuzulassen.

Zusammenfassung

Wir haben in großen Linien zwei Fälle unterschieden:

(1) Ein Gläubiger ist von dem Ehepartner geschieden, und zwar unter folgenden Umständen:

(a) der Partner hat Ehebruch verübt, den anderen für dauernd verlassen und die Ehescheidung durchgesetzt;
(b) der Gläubige hat nicht an der Ehescheidung mitgewirkt, sondern hat unter der heutigen Ehegesetzgebung einwilligen müssen;
(c) der Partner ist inzwischen mit einem anderen wiederverheiratet.

(2) Ein Gläubiger ist von dem Ehepartner geschieden, doch ohne dass die oben genannten Umstände vorliegen; es ist z. B. keine Rede von Ehebruch, sondern von Zwietracht, und/oder der Gläubige hat selbst die Ehescheidung betrieben oder zumindest daran mitgewirkt, und/oder der Partner ist nicht mit einem anderen wiederverheiratet, so dass der Weg zur Versöhnung noch offen ist.

Im Blick auf den ersten Fall gibt es zwei Standpunkte:

(a) die »Anti-Wiederheirats-Auffassung«; dies ist der von uns mit Hilfe vieler schriftgemäßer Argumente verteidigte Standpunkt: Ein Gläubiger kann »sogar« unter den geschilderten Umständen unter keiner Bedingung wieder heiraten, solange sein Ehepartner noch lebt. Wenn ein Gläubiger jedoch unter diesen Umständen wieder heiratet, bedeutet das nicht, dass die Gemeinde so jemanden ausschließen muss;

(b) die »Pro-Wiederheirats-Auffassung«; wir sind davon überzeugt, dass dieser Standpunkt unschriftgemäß ist, doch wir wollen und können ihn nicht hundertprozentig ausschließen, sicher nicht, nachdem so große Schriftausleger diesen Standpunkt in der Vergangenheit verteidigt haben; allein schon diese Tatsache ist für die Anhänger der »Anti-Wiederheirats-Auffassung« ein Grund, sich, obwohl sie u. E. das Recht auf ihrer Seite haben, bescheiden zu verhalten und aus einer eventuellen Wiederheirat keine Zuchtsache zu machen.

Im Blick auf den zweiten Fall ist u. E. nur *ein* Standpunkt möglich, und zwar dass hier in jedem Fall (neben seelsorgerlicher Hilfe!) eine bestimmte Form der Zucht der Gemeinde ausgeübt werden muss. Hier sind übrigens viele unterschiedliche Situationen denkbar, und die Gemeinde muss daher auch in jeder Situation in Abhängigkeit vom Herrn feststellen, welche seelsorgerliche Hilfe und/oder Zuchtform hier erforderlich ist. Die deutlichsten Fälle von Zucht sind wohl die, in denen der Betreffende selbst die Ehescheidung betrieben hat (»sogar« im Fall von Ehebruch hat er oder sie dazu im Allgemeinen kein Recht), und/oder die Fälle, wo der Betreffende wieder heiratet, ohne dass der vorige Partner Ehebruch verübt hat und wiederverheiratet ist. Doch auch dort, wo Zucht ausgeübt worden ist, gibt es immer einen Weg zurück. Wo die Sünde der Ehescheidung und Wiederheirat mit aufrichtiger Reue bekannt worden ist, kann wieder Zulassung zum Tisch des Herrn erfolgen, wenn auch die Folgen der Sünde im Allgemeinen nicht mehr ungeschehen gemacht werden können. Die Gnade kann glücklicherweise immer triumphieren.

3. Christen und ein Scheidungsverfahren

Wer die beiden vorhergehenden Kapitel gelesen hat, hat gewiss verstanden, dass wir für einen Christen eine aktive Beteiligung an einem Scheidungsverfahren entschieden ablehnen. Doch in der Praxis kann es leider so weit kommen. Und wenn der Brief des Rechtsanwalts auf dem Tisch liegt, wie soll man dann weiter handeln?

Die grundsätzliche Ablehnung einer Ehescheidung ist eine Sache, doch die Frage erhebt sich natürlich, wie in einer solchen Lage diese Grundsätze noch festgehalten werden können. Ein besonderes Problem ist dabei, dass Ehegatten und ihre Seelsorger sich oft wie in einem fremden Wald verirrt fühlen, sobald die ganze offizielle Maschinerie eines Scheidungsverfahrens in Gang kommt.

Wir wollen deshalb in diesem letzten Kapitel darüber sprechen. Es soll keine detaillierte, für den Fachjuristen bestimmte Darlegung juristischer Dinge sein, sondern eher eine allgemeine Orientierung für die, die damit bisher (glücklicherweise) noch nicht in Berührung gekommen sind. Im Verlauf dieser Darlegung wird es möglich sein, beständig darauf hinzuweisen, wie Christen sich in solch einer

Lage zu verhalten haben oder wenigstens verhalten sollten.

Vorbeugen ist besser als Heilen

Es ist eigentlich nach allem Vorhergehenden selbstverständlich, doch wir wiederholen es noch einmal: Ein Scheidungsverfahren ist außerordentlich unangenehm. Wenn eben möglich, sollte man alles versuchen, um zu vermeiden, dass es so weit kommt. Hier liegt eine besondere Aufgabe für den Seelsorger. Wenn er in die Problematik eingeweiht ist, noch bevor ein Rechtsanwalt eingeschaltet wird, dann ist es gerade deshalb sehr wichtig, mit beiden Partnern zu sprechen, um zu versuchen, sie in direkten Kontakt miteinander zu bringen und sie davon zu überzeugen, dass sie den Weg eines juristischen Verfahrens nicht einschlagen dürfen. Dabei ist es für seine Bemühungen förderlich, wenn er etwas über das Scheidungsverfahren weiß.

Ist das wiederum das Einrennen einer offenen Tür? Leider nicht! Auch unter bibeltreuen Christen kommt es noch viel zu oft vor, dass Prediger oder andere Seelsorger den Rat geben – allein oder gemeinsam –, zum Rechtsanwalt zu gehen. Meistens sind sich weder die Ehepartner noch der Seelsorger klar darüber, wie schmerzlich solch ein Verfahren ist. Man glaubt darin eine Lösung zu sehen, doch das ist es nicht im Entferntesten, einmal ganz abgesehen von den grundsätzlichen biblischen Bedenken, die es dagegen gibt. Allein schon die Tatsache, dass man fortan im Allgemeinen über einen Rechtsanwalt korrespondiert, statt direkt miteinander zu sprechen, bewirkt eine erhebliche Verhärtung in dem gegenseitigen Kontakt. Außerdem dauert, selbst unter dem heutigen, recht liberalen und elastischen Scheidungsrecht, das Verfahren meistens lange; das kann wiederum von Vorteil sein, weil dadurch eine Möglichkeit der Wiederherstellung gegeben ist (darüber später), doch das beständige »In-Kampfbereitschaft-Stehen« in solch einem Verfahren ist psychisch außerordentlich zermürbend. Es muss mindestens mit mehreren Monaten gerechnet werden. Verfahren von einem Jahr oder sogar zwei oder drei Jahren sind durchaus keine Ausnahme. Dazu kommt eine viel längere Zeit der Unterhaltszahlung und bisweilen äußerst unerquicklicher Besprechungen über die Höhe und Art und Weise der Bezahlung, über die Besuchsregelung für die Kinder, manchmal den Verkauf der ehelichen Wohnung usw. Bitter, doch wahr sind die Worte von Alfred Capus: »Ach! Man spricht von den Banden der Ehe. Doch die der Scheidung sind noch drückender.«

Eine Situation gibt es, in der manchmal doch ein Rechtsanwalt eingeschaltet werden und zu einem gerichtlichen Verfahren geraten werden muss, nämlich dann, wenn durch den einen Partner körperliche Gewalttätigkeit verübt wird. Zum Schutz des anderen Partners sind dann manchmal Maßnahmen erforderlich. Eine der Möglichkeiten dazu ist im niederländischen Recht die Trennung von Tisch und Bett. Im deutschen Zivilprozessrecht ist eine einstweilige Anordnung nach § 620 ZPO (Zivilprozessordnung) möglich, durch die das Getrenntleben gestattet und einem Ehegatten die Ehewohnung zugewiesen werden kann.[9] Auch um eine solche Entscheidung zu erwirken, muss der Ehetreue (der Partner, der keine Scheidung wünscht) anwaltlich vertreten sein. Auf den Anwaltszwang wird später noch näher eingegangen werden.

Der Beginn des Verfahrens

Die Post ist da, darunter ein Brief des Rechtsanwaltbüros X. So fängt das Verfahren meist an und häufig ist ein Zeitpunkt vorausgegangen, wo einer der Partner die eheliche Wohnung verlassen hat.

Was steht in diesem Brief? Vielleicht der Vorschlag, doch einen gemeinsamen Antrag auf Scheidung einzureichen oder der Scheidung zuzustimmen, wenn der andere Partner nicht bereits vorher mit diesem Vorschlag gekommen ist. Das Gesetz gibt dazu die Möglichkeit in § 1564 BGB: „Eine Ehe kann nur durch gerichtliches Urteil auf Antrag eines oder beider Ehegatten geschieden werden ...“ Der Wunsch, gemeinsam in einem solchen Verfahren der Ehe ein Ende zu machen, kann sehr groß sein, denn es gibt triftige Gründe, die dafür sprechen. Das Verfahren läuft bedeutend schneller, schonender und billiger ab und man erhofft sich vielfach davon, einen nervenaufreibenden Scheidungskrieg zu verhindern. Zudem ist es nach der heutigen Rechtslage fast nicht möglich, auf Dauer eine Scheidung zu verhindern. Also warum dann nicht gleich gemeinsam?

Dass man in letzter Instanz eine Scheidung nicht verhindern kann, ist wahr; doch wir werden sogleich noch näher darauf eingehen, dass es sehr wohl möglich ist, eine gerichtliche Entscheidung hinauszuschieben und im extremen Ausnahmefall sogar abzuwenden. Das Gericht hat von Amts wegen zwar nicht auf eine Versöhnung der Eheleute hinzuwirken; zum Schutz vor übereilten Scheidungen kann aber das Gericht das Scheidungsverfahren für einige Zeit aussetzen (§ 614 ZPO), wenn es zur gütlichen Beilegung des Verfahrens zweckmäßig ist. Auch darauf kann der Ehetreue (derjenige der beiden Partner, der keine Scheidung wünscht) durch seinen Anwalt hinwirken. Dies zeigt, wie wichtig im Scheidungsverfahren im Interesse der Aufrechterhaltung der Ehe die Hinzuziehung eines Anwalts sein kann, selbst wenn dieser – was heute die Regel ist – kein gläubiger Christ ist.

Ein gemeinsamer Antrag bedeutet jedoch andererseits eine aktive Mitwirkung auch des ehetreuen Partners an der Scheidung. Nach allem, was schon ausgeführt wurde, möchten wir betonen, ein Christ sollte nicht aktiv an einer Ehescheidung beteiligt sein, selbst nicht in dem Fall, dass er mit einer oder einem Ungläubigen verheiratet ist und dieser bzw. diese sich scheiden lassen will. Der Apostel sagt in 1. Korinther 7,15: „Wenn aber der Ungläubige sich trennt, so trenne er sich. Der Bruder oder die Schwester ist in solchen Fällen nicht gebunden; in Frieden aber hat uns Gott berufen." Dieser Vers erlaubt, wie wir in Kap. 2 gesehen haben, höchstens ein passives Verhalten, in keinem Fall aber eine aktive Mitwirkung. Wir sagen »höchstens«, denn auch dann kann Widerstand gegen die Ehescheidung manchmal Erfolg haben.

Also: niemals gemeinsamer Antrag! Natürlich wäre es das Schönste, wenn es dem Seelsorger gelänge, mit dem anderen Partner Kontakt zu bekommen, um diesen von seinem oder ihrem verhängnisvollen Weg abzubringen, doch wir gehen jetzt davon aus, dass das (wie leider meistens) nicht gelingt. Was muss dann geschehen?

Nun kann ein passives Nichtmitwirken des Ehetreuen nicht bedeuten, dass der Ehetreue im Verfahren alles über sich ergehen lässt. Das Interesse an der Aufrechterhaltung der Ehe ist eine Frage des rechtswirksamen Vorbringens im Verfahren. Im Scheidungsverfahren besteht nach § 78 ZPO Anwaltszwang, das heißt, wenn der an der Ehe Festhaltende der Erhaltung der Ehe dienende Anträge stellen will, werden solche Anträge nur durch einen Anwalt gestellt werden können. Das gilt auch für Folgesachen. Deshalb ist es nicht zu verantworten, den an der Ehe Festhaltenden ohne Schutz und sachdienliche Beratung durch einen Anwalt in das Verfahren gehen zu lassen. Anwaltlicher Beistand ist also auch für den gläubigen Ehetreuen eine Frage des Rechtsschutzes. Seit In-Kraft-Treten des neuen Scheidungsrechts am 1. Juli 1977 sollen Ehescheidung und Scheidungsfolgen (elterliche Sorge für die Kinder, Regelung des Umgangsrechts, Unterhaltspflicht, Hausrats- und Ehewohnungsteilung, Zugewinnausgleich nach ehelichem Güterrecht und Versorgungsausgleich) im »Verbund«, d. h. einheitlich und gleichzeitig entschieden werden. Das bringt eine Fülle oft komplizierter persönlicher, wirtschaftlicher, vermögensrechtlicher Entscheidungen mit sich, die der »Passive« oft gar nicht übersehen kann. Selbst wenn der Ehetreue eine Scheidung strikt ablehnt, kann er/sie aus Gründen der Ordnung aller Verhältnisse – vor allem, wenn Interessen der Kinder berührt werden – nicht passiv bleiben. Eine behutsame Regelung aller Folgeentscheidungen nicht durch hochstreitiges Urteil, sondern durch einen »Vergleich« (Einigung) kann die goldene Brücke zur Wiederannäherung und Wiederherstellung der Ehe sein. In jedem Fall muss also ein Rechtsanwalt hinzugezogen werden. Das Argument: »Ich will als Christ keinen Rechtsanwalt nehmen«, klingt zwar fromm, ist es aber gar nicht. Ein Scheidungsverfahren mit nur einem Anwalt ist dann möglich, wenn ein Ehegatte den Scheidungsantrag stellt und der andere überhaupt nichts tut, insbesondere auch keine eigenen Anträge stellt. Diese Untätigkeit kann natürlich zu einer viel schnelleren Scheidung führen. Wenn ein Ehegatte untätig bleibt, dann kann der Richter dem anwaltlich nicht vertretenen Ehegatten einen Anwalt beiordnen, etwa wenn er/sie aus Unerfahrenheit oder aus Gewissensgründen auf anwaltliche Vertretung verzichtet hat. Wenn es zur Wahrnehmung der Interessen des nicht anwaltlich Vertretenen unbedingt notwendig ist, ordnet der Richter also einen Anwalt bei, auch in Fällen, wenn ein Ehegatte aus Angst vor den Kosten oder unter Druck keinen Anwalt nimmt. Schon deshalb sollte der Ehetreue einen Anwalt seiner Wahl nehmen.

Es ist allerdings sehr wichtig, einen Rechtsanwalt zu finden, der *Christ* ist. In dem geistigen Klima der Welt, in der wir heute leben, kann man von einem Nichtchristen kaum Einfühlungsvermögen in die grundsätzlichen Überlegungen erwarten, die bei bibeltreuen Christen eine Rolle spielen. Leider sind Rechtsanwälte, die Christen sind, nicht sehr häufig zu finden. Wenn es sich als gänzlich unmöglich erweist, einen Rechtsanwalt zu bekommen, der Christ ist, dann kann es manchmal sinnvoll sein, dass ein Seelsorger (vorzugsweise mit einigen Rechtskenntnissen) einem ersten Gespräch mit dem Rechtsanwalt beiwohnt; er oder sie wird eher in der Lage sein, mit etwas mehr Abstand die grundsätzlichen Überlegungen darzutun. Schließlich handelt der Rechtsanwalt im Auftrag seines Klienten; er muss daher auch versuchen, in dessen Geist vor Gericht zu handeln.

Der Grund für Ehescheidung

Ein Rechtsanwalt wird natürlich damit beginnen, so klar wie möglich darzulegen, wie das Gesetz die Ehescheidung regelt. Eine solche kurze Darlegung geben wir nachstehend auch, um dadurch ein besseres Verständnis zu vermitteln.

Was sind die Gründe, aufgrund derer die Scheidung beantragt werden kann? Weil man in dieser Welt Schuld nicht mehr anerkennen will, wurde in der Bundesrepublik im Zug der Liberalisierung das Verschuldungsprinzip bei den Scheidungsgründen im Jahre 1976 abgeschafft und durch das »Scheitern« der Ehe (Zerrüttungsprinzip) als einzigen Scheidungsgrund ersetzt. Man wollte nicht mehr, wie es vordergründig hieß, vor Gericht »schmutzige Wäsche waschen«. Damit kommt es nicht mehr auf die Scheidungsschuld an, welcher Ehegatte den anderen betrogen, wer welche Eheverfehlungen begangen hat; das ist nun gleichgültig für die Frage der Scheidung. Seit dem 1. Juli 1977 gibt es nur noch die Scheidung, wenn die Ehe »gescheitert« ist. Die »tief greifende unheilbare Zerrüttung« (die neben dem Schuldvorwurf festgestellt werden musste) nach altem Recht hat einem neuen liberalisierten, gemilderten Zerrüttungsbegriff Platz gemacht. »Die Ehe ist gescheitert, wenn die Lebensgemeinschaft der Ehegatten nicht mehr besteht und nicht erwartet werden kann, dass die Ehegatten sie wiederherstellen« (§ 1565 Absatz 1 BGB).

§ 1566 ff BGB stellt unwiderlegbare Vermutungen auf, dass nach einer bestimmten Trennungszeit die Ehe gescheitert ist. Danach wird unwiderlegbar vermutet, dass die Ehe gescheitert ist, wenn die Ehegatten seit einem Jahr getrennt leben und beide Ehegatten die Scheidung beantragen oder der Ehetreue der Scheidung zustimmt. Beweise über den Grad der Zerrüttung werden vom Familiengericht nicht erhoben, jedoch ist eine einverständliche Scheidung nur dann nach § 630 ZPO möglich, wenn die Ehegatten sich ferner über den Unterhalt nach der Scheidung, über die Ehewohnung und den Hausrat sowie über die elterliche Sorge und den Verkehr hinsichtlich der gemeinsamen Kinder geeinigt haben. Die übrigen Scheidungsfolgen wie z. B. Versorgungsausgleich und Zugewinnausgleich sind von dieser Einigungspflicht nicht erfasst und können unabhängig geregelt werden.

Da wir die Auffassung vertreten, dass der ehetreue Christ bei einer Scheidung nicht mitwirken sollte, kann also mangels Zustimmung nach einjähriger Trennung nicht geschieden werden. § 1566 Absatz 2 BGB schreibt aber vor: »Es wird unwiderlegbar vermutet, dass die Ehe gescheitert (zerrüttet) ist, wenn die Ehegatten *seit 3 Jahren* getrennt leben.« Das heißt, dass auch der Ehetreue nach Ablauf dieser Dreijahresfrist der Scheidung nicht mehr entgegentreten kann. In dieser recht langen Zeit kann natürlich manche seelsorgerliche Arbeit zur Überwindung der Entfremdung und zur Wiederherstellung der Ehe führen. Wir sehen also, dass durch die neuen Vermutungen das Familiengericht (das für Scheidungen zuständig ist) keine umfangreichen Beweise über den Grad des Scheiterns der Ehe mehr erheben wird.

Allein schon die Tatsache, dass die Scheidung gefordert wird, ist für das Gericht ein wichtiger (wenn auch kein entscheidender) Hinweis, dass die Ehe gescheitert ist. Dabei ist auch die Wortwahl des Gesetzgebers »gescheitert« interessant. Man hat diesen Ausdruck gewählt, weil man glaubte, dass dem Wort »zerrüttet« noch irgendwie ein unausgesprochener Schuldvorwurf anhafte (irgendeiner muss doch an der Zerrüttung schuld sein). Wir erkennen auch hier den Zeitgeist, die Frage der Schuld aus dem menschlichen Bewusstsein zu verdrängen. Hingegen versteht man das Scheitern als etwas Schicksalhaftes, wie ein von außen auf die Beteiligten zukommendes Ereignis.

Trotz allem steht der andere Teil, der mit einem Scheidungsantrag konfrontiert wird, dem nicht völlig wehrlos gegenüber. Es gibt durchaus in einigen Fällen eine Möglichkeit, sich erfolgreich dem Scheidungsantrag zu widersetzen.

Ein Abweisungsantrag hat außerdem den Vorteil, dass damit das Verfahren verzögert wird. In fast allen Fällen tun Christen daher gut daran, sich nicht ohne weiteres der Forderung zu beugen, selbst nicht in solchen Fällen, wo die Aufrechterhaltung der Ehe von vornherein nicht sehr erfolgreich zu sein scheint. Das geschieht nicht, um dem Ehepartner, der die Scheidung beantragt, Steine in den Weg zu legen, sondern vor allem, weil es wichtig sein kann, Zeit zu gewinnen, um inzwischen die Seelsorge in Gang zu setzen. Es kann ja sehr gut sein, dass der scheidungswillige Teil sich im Lauf der Zeit doch noch besinnt. Seelsorger können vielleicht versuchen, sie oder (meistens) ihn zu erreichen, um wieder zu einem »normalen« Gespräch zu kommen. Wenn die gemeinsame Wohnung zwischenzeitlich verlassen worden ist und der antragende Teil allein wohnt, kann die beständige Einsamkeit auch zur Umkehr führen. Wir haben kürzlich aus der Nähe miterlebt, wie ein Ehegatte, der eine Verbindung mit einer anderen Frau eingegangen war, diese Beziehung während des gerichtlichen Verfahrens völlig zerbrechen sah; nach seelsorgerlichen Gesprächen konnte die Ehe wiederhergestellt werden. Ein Urteilsspruch ist ein Schlusspunkt, etwas Endgültiges. Je länger das hinausgezögert werden kann, umso besser. Der die Entscheidung hinauszögernde Christ ist allerdings im Scheidungsverfahren vor dem Familienrichter in einer schwierigen Lage, sein Verhalten könnte als eine – unlautere – Prozessverschleppung missbilligt werden. Wir werden nun sehen, welche Möglichkeiten trotzdem zur Vermeidung einer Scheidung zur Verfügung stehen.

»Einspruch« gegen eine Scheidungsklage

Es gibt drei Möglichkeiten, einem Scheidungsantrag entgegenzutreten.

(1) *Der erste »Einspruch«* könnte das Bestreiten der Tatsache sein, dass die Ehe gescheitert ist. Da jedoch das Gesetz das Scheitern der Ehe nach 3 Jahren Getrenntleben vermutet, hat dies nur Aussicht auf Erfolg, wenn Gesichtspunkte vorliegen, die Zweifel an dem Getrenntleben aufkommen lassen. § 1567 BGB definiert das Getrenntleben folgendermaßen: „Die Ehegatten leben getrennt, wenn zwischen ihnen keine häusliche Gemeinschaft besteht und ein Ehegatte sie erkennbar nicht herstellen will, weil er die eheliche Lebensgemeinschaft ablehnt. Die häusliche Gemeinschaft besteht auch dann nicht mehr, wenn die Ehegatten innerhalb der ehelichen Wohnung getrennt leben."

Insofern muss eine objektive und eine subjektive Seite zusammenkommen, der eheliche Haushalt muss aufgelöst sein und mindestens einer der Ehegatten muss das Zusammenleben erkennbar ablehnen. Lassen keine Tatsachen Zweifel an dem Getrenntleben aufkommen, ist ein Bestreiten des Scheiterns der Ehe schwierig durchzuhalten. Meistens ist genug geschehen, woraus der Richter den Schluss ziehen kann, dass die Ehe gescheitert ist.

Sind die Ehegatten jedoch weniger als 3 Jahre getrennt oder lässt sich der Ablauf der 3-Jahresfrist nicht zweifelsfrei feststellen, so gilt die Zerrüttungsvermutung des § 1566 Abs. 2 BGB nicht. Eine Ehe kann dann gegen den Willen eines Ehegatten nur geschieden werden, wenn ihr Scheitern auf andere Weise als durch den Ablauf der Trennungsfrist nachgewiesen wird. Dabei kann sich der scheidungswillige Teil z. B. auch auf eigene Eheverfehlungen oder seine starke Ablehnung des anderen Teils berufen. Das Gericht hat nach § 1565 BGB zu überprüfen, ob die Lebensgemeinschaft der Ehegatten nicht mehr besteht und nicht erwartet werden kann, dass die Ehegatten sie wiederherstellen können. Objektiv muss die Aufhebung der ehelichen Lebensgemeinschaft festgestellt werden und subjektiv darf daraus resultierend nicht mehr erwartet werden, dass eine Versöhnung möglich ist. Das Gericht hat den gesamten Zustand der Ehe ins Visier zu nehmen, woraus sich für den an der Ehe festhaltenden Teil Chancen ergeben können, die Scheidung abzuwenden bzw. auch den Ehegatten wieder für die Beziehung zu gewinnen. Sollte sich eine solche Möglichkeit abzeichnen, kann das Gericht das Scheidungsverfahren nach § 614 ZPO für eine bestimmte Zeit aussetzen.

Wenn es dem Seelsorger gelingt, in der so gewonnenen Zeit persönlich mit der scheidungswilligen Partei Kontakt zu bekommen, kann eine ernsthafte Vermittlungsmöglichkeit durchaus bedeuten, dass der Grund des Scheiterns bei diesem Antrag entfällt. Dazu ist ja nötig, dass es keine Aussicht auf Wiederherstellung gibt. Hier muss jedoch wiederholt werden, dass es dann das Beste ist, die Gespräche so schnell wie möglich aus der Sphäre der Prozessführung herauszubringen auf das Gebiet der häuslichen Atmosphäre.

(2) *Die zweite Möglichkeit*, dem Scheidungsantrag entgegenzutreten, ist gegeben, wenn der Scheidungswillige Scheidung vor Ablauf der Einjahresfrist verlangt und behauptet, die Fortsetzung der Ehe stelle für ihn eine unzumutbare Härte dar aus Gründen, die in der Person des anderen Ehegatten liegen (§ 1565 Absatz 2 BGB).

Es muss doch wohl davon ausgegangen werden, dass ein Christ – z. B. durch aggressives Verhalten, etwa durch Misshandlungen des Scheidungswilligen oder Alkoholmissbrauch – seinerseits zu einer solchen Situation keinen Anlass geben darf. Jedoch gibt es auch Fälle, in denen der gläubige Ehepartner unverschuldet in eine Situation kommt, die dem anderen Ehepartner die Fortsetzung der Ehe als unzumutbare Härte erscheinen lässt, wie z. B. Krankheiten und andere nicht verschuldete Umstände von erheblichem Gewicht. Im Einzelfall kann hier fraglich sein, ob die zwischen den Ehegatten bestehende Hilfe- und Beistandspflicht stärker zu gewichten ist als das subjektive Empfinden des scheidungswilligen Teils.

Es bleibt festzuhalten, dass in der Regel eine Scheidung innerhalb des ersten Jahres der Trennung nur in besonderen Ausnahmefällen möglich sein wird.

(3) *Eine dritte Möglichkeit* gibt die Härteklausel des § 1568 BGB, und zwar in zweifacher Art:

(a) Zuerst werden die Interessen der minderjährigen Kinder berücksichtigt: Solange die Aufrechterhaltung der Ehe für sie aus besonderen Gründen (also ganz spezifisch!) ausnahmsweise notwendig ist, soll die Ehe nicht geschieden werden;
(b) solange die Scheidung für den ablehnenden Antragsgegner aufgrund außergewöhnlicher Umstände eine so schwere Härte darstellt, dass die Aufrechterhaltung der Ehe auch unter Berücksichtigung der Belange des Antragsstellers ausnahmsweise geboten erscheint, soll die Ehe nicht geschieden werden.

Die beiden Alternativen sind sachlich völlig voneinander getrennt, jedoch ist ihnen gemeinsam, dass jeweils eine Ausnahmesituation der Kinder oder des an der Ehe festhaltenden Ehegatten vorliegen muss. Die Gerichte legen diese Klausel sehr eng aus, da der Ausnahmecharakter des § 1568 BGB sich sowohl aus dem Gesetzestext als auch aus der Entstehungsgeschichte eindeutig ergibt. In der Regel werden Kinder durch die Scheidung ihrer Eltern nachteilig betroffen. Um jedoch die Anwendung der Härteklausel zu rechtfertigen, müssen besondere außergewöhnliche Umstände hinzukommen.

Das Gleiche gilt für die 2. Alternative. Es reicht nicht aus, dass der an der Ehe festhaltende Teil die Scheidung ablehnt, weil sie von ihm aufgrund seiner inneren Verfassung und Einstellung (vielleicht auch aufgrund seines Glaubens) als besondere Härte empfunden wird. Vielmehr muss dieses Gefühl auf nachweisbaren objektiven Umständen beruhen, wobei neben menschlichen auch außergewöhnliche wirtschaftliche Härten berücksichtigt werden können. Es bleibt festzuhalten, dass im Regelfall nicht darauf zu hoffen ist, die Scheidung werde an der Härteklausel § 1565 BGB scheitern.

Dass es manchmal nützlich sein kann, dem Scheidungsantrag entgegenzutreten, weil man einen Fall nicht zu schnell als hoffnungslos aufgeben darf, wird illustriert von dem aus der Geschichte bekannten Beispiel von John Milton, einem puritanischen

Christen. Milton heiratete 1643 die Adelige Mary Powell, die zu der Zeit erst 17 Jahre alt war. Bereits einen Monat nach der Heirat flüchtete sie zu ihrer Mutter – worauf ihr Ehegatte ein Buch schrieb: »The Doctrine and Discipline of Divorce« (Die Lehre und Zucht der Ehescheidung). Doch 1645 versöhnte sich das Paar miteinander und bekam noch vier Kinder. Dieser Fall zeigt, wie jede Situation eine Momentaufnahme ist. Gerade Christen sollten sich bewusst sein, dass es immer Hoffnung gibt. »Die Liebe hofft alles« (1Kor 13,7). Das muss ein gewichtiger Beweggrund sein, einerseits um Wiederherstellung zu beten, andererseits dem Verfahren so kräftig wie möglich entgegenzuwirken. Wer weiß, ob Gott nicht den anderen zur Umkehr bringen wird! Und vielleicht gibt es inzwischen noch mehr Wege: Sollte es nicht hilfreich sein, wenn der Partner, der sich der Scheidung widersetzt, dem anderen die Dinge bekennt, die bei ihm (oder ihr) verkehrt waren? Selbst wenn es nur um einen Bruchteil der Schuld geht, die auf der anderen Seite vorhanden ist ... Es ist Aufgabe des Seelsorgers, mit der Hilfe des Herrn zu versuchen, das zu bewirken.

Finanzielle Regelungen – Folgeentscheidungen

Mit der Auflösung einer ehelichen Gemeinschaft ist auch eine finanzielle Seite verbunden. Familiäre und wirtschaftliche Probleme sind zu lösen. Wenn die

Scheidung ausgesprochen wird, müssen weitere sachliche Entscheidungen gefällt werden. Wer wird weiter in dem Haus wohnen? Was geschieht mit den gemeinsamen Schulden? Wer behält das Auto? Wie hoch wird die Unterhaltszahlung für die Frau? Welche steuerlichen Folgen hat das? Wie hoch wird die monatliche Unterhaltsrente für die Kinder? Wer bekommt das Kindergeld? Diesen Fragen könnte noch eine ganze Reihe weiterer Fragen hinzugefügt werden.

Eine sehr wichtige Frage ist die spätere Altersversorgung des ehetreuen Ehegatten, wenn nur der scheidungswillige Gatte als Alleinverdiener Rentenanwartschaften für den Fall der Invalidität oder des Erreichens der Altersgrenze hat. Früher hatte eine nach 35-jähriger Ehe verstoßene nicht berufstätige Ehefrau nur ihren Unterhaltsanspruch, der oft gerade im Rentenalter zusammenschrumpfte. Das neue Recht will besonders die Benachteiligung geschiedener Ehefrauen mildern, indem die Rentenanwartschaften geteilt werden, die geschiedene Ehefrau also einen eigenen Anspruch gegen die Rentenversicherung erwirbt, ohne beim geschiedenen Mann betteln zu müssen. So einfach dieser Grundgedanke ist, so kompliziert ist seine gesetzliche Konkretisierung und seine Durchführung in der Praxis.

Weiter ist die Frage der Vermögensauseinandersetzung (in der Regel der Zugewinnausgleich) von großer Bedeutung auch für den weichenden ehetreuen Ehegatten. Der Ehetreue hat z. B. eigene Ersparnisse in den gemeinsamen Hausbau eingebracht, das Baugrundstück ist aber nur auf den Namen des anderen im Grundbuch eingetragen. Was soll nun geschehen? Soll sie/er sich um den Preis ihrer/seiner Lebensarbeit bringen lassen?

Die Antworten auf alle diese Fragen kommen während des Scheidungsverfahrens zustande, häufig durch mühsame Verhandlungen über die Rechtsanwälte. Das Gesetz trifft zu diesen „Scheidungsfolgesachen" folgende Regelungen: Für die Scheidung selbst und für die Scheidungsfolgen ist nur ein Gericht zuständig, das Familiengericht erster Instanz. Es ist bei dem jeweils örtlich zuständigen Amtsgericht ansässig und mit einem Einzelrichter besetzt.

Im Fall der einverständlichen Scheidung muss nach § 630 ZPO der Antrag auch die Einigung über den Unterhalt nach der Scheidung über die Ehewohnung und den Hausrat sowie über die elterliche Sorge und den persönlichen Verkehr hinsichtlich der gemeinsamen Kinder enthalten. Im Fall der streitigen Scheidung, um die es ja nach der in diesem Buch vertretenen Ansicht in der Regel geht, trifft das Gericht eine Regelung hinsichtlich des Versorgungsausgleichs auch ohne Antrag eines der Ehegatten. Um den gegen seinen Willen Geschiedenen nicht schutzlos zu lassen, hat dieser die Möglichkeit, bis zum Schluss der mündlichen Verhandlung vor dem Familiengericht die Regelung der übrigen Scheidungsfolgen (Zugewinnausgleich, Hausrat, Sorgerecht etc.) durch das Gericht zu beantragen und kann so eine gerichtliche Entscheidung erzwingen.

Wie soll der an der Ehe festhaltende Teil sich nun verhalten? Soll er an einer einverständlichen Regelung der Scheidungsfolgen mitwirken oder soll er dem Gericht durch einen entsprechenden Antrag die Regelung der Scheidungsfolgen überlassen. Wir wollen nicht den Eindruck erwecken, als hätten wir dazu einfache Antworten parat. Doch das Neue Testament nennt uns immerhin zwei Grundsätze, die wir berücksichtigen müssen. Nach allem, was bis jetzt gesagt ist, muss es gewiss nicht noch einmal ausdrücklich unterstrichen werden, dass es hier um die Haltung der ehetreuen Partei geht, die ja gezwungen ist, das gerichtliche Verfahren über sich ergehen zu lassen. Die Botschaft der Schrift an die scheidungswillige Partei ist ja nicht, dass er/sie sich bei seinem/ihrem Scheidungsantrag christlich verhalten muss, sondern dass er/sie einen solchen Antrag überhaupt nicht stellen darf.

Der erste Grundsatz, den wir aus dem Neuen Testament nennen, steht damit in engem Zusammenhang: Es ist nicht gut, wenn Christen ihre Rechtssachen durch den weltlichen Richter ausfechten. »Darf jemand unter euch, der eine Sache wider den anderen hat, rechten vor den Ungerechten und nicht vor den Heiligen? ... Also nicht ein Weiser ist unter euch, auch nicht einer, der zwischen seinen Brüdern zu entscheiden vermag? Sondern es rechtet Bruder mit Bruder, und das vor Ungläubigen! Es ist nun schon überhaupt ein Fehler an euch, dass ihr Rechtshändel miteinander habt. Warum lasst ihr euch nicht lieber Unrecht tun? Warum lasst ihr euch nicht lieber übervorteilen? Aber ihr tut Unrecht und übervorteilet, und das Brüder!« (1Kor 6,1.5-8). »So sage es der Versammlung« (Mt 18,17) – das ist die allgemeine Richtlinie für Christen, die ihren juristischen Streit schlichten müssen.

Nun ist im Fall eines Scheidungsverfahrens die antragende Partei schon durch ihre klagende Stellung auf einem verkehrten Weg. Das ist – um es zu wiederholen – die erste sehr eindringliche Botschaft, die die Gemeinde (oder weise Brüder) für ihn/sie hat. Wenn es nicht gelingt, ihn/sie davon zu überzeugen, kann manchmal die Zucht der Gemeinde angezeigt sein, doch es gibt auch Fälle, wo es noch möglich ist, wenigstens zu einer Vermittlung in den Angelegenheiten zu kommen, die auf sachlicher Ebene geregelt werden müssen. Damit wird das Verhalten der antragenden Partei nicht gutgeheißen, doch vielleicht kann dadurch noch eine beträchtliche Menge an Reibung und Ärger verhindert werden, die in der sehr gespannten Situation im Umfeld einer Ehescheidung leicht explodiert.

Wenn die antragende Partei die Vermittlung der »Brüder« nicht annimmt – was leider meistens der Fall ist –, wird doch das eine oder andere juristisch geregelt werden müssen. Dann kommt der zweite Grundsatz in Anwendung, der auch in 1. Korinther 6 genannt wird: »Warum lasst ihr euch nicht lieber unrecht tun? Warum lasst ihr euch nicht lieber übervorteilen?« (1Kor 6,7). »Ich aber sage euch: Widerstehet nicht dem Bösen, sondern wer irgend dich auf deinen rechten Backen schlagen wird, dem biete auch den anderen dar; und dem, der mit dir vor Gericht gehen und deinen Leibrock nehmen will, dem lass auch den Mantel. Und wer irgend dich zwingen wird, eine Meile zu gehen, mit dem geh zwei. Gib dem, der dich bittet, und weise den nicht ab, der von dir borgen will« (Mt 5,39-42). Das klingt auf den ersten Blick idealistisch, ja weltfremd. Muss man denn auf sich herumtrampeln lassen? Und: Es geht doch nicht nur um die eigenen Interessen, sondern auch um die der Kinder? Letzteres ist sicher wahr und es gibt auch keinen Grund, nicht einfach nüchtern auszurechnen, was nötig ist und was möglich ist, und das sachlich zu besprechen. Doch gerade diese Teile eines gerichtlichen Verfahrens laufen häufig auf Haarspaltereien hinaus, gehässige Spiele von Zug und Gegenzug, Schützengrabenkriege, die verbittert ausgefochten werden, monatelang. So geht es in der Welt. Doch das darf nicht die Haltung eines Christen sein. »Warum lasst ihr euch nicht lieber übervorteilen?« Gerade hier kann die ehetreue Partei zeigen, dass man dem anderen in wahrer christlicher Liebe begegnet. Das ist keine leichte Aufgabe, weit davon entfernt, und dazu kommt, dass es einfach immer Geld kostet. Doch es ist weit besser, sich dann eben mit etwas weniger zu begnügen, als den Streit noch einmal heftig werden zu lassen. Vielleicht sollten die Geschwister der örtlichen Glaubensgemeinschaft, wenn sie nicht mehr helfen können, den Konflikt zu lösen, noch einmal nachdenken über Hilfe in finanzieller Hinsicht. Das gilt auch für die Fälle, wo eine Frau (häufig mit Kindern) im Stich gelassen wird, wobei der Mann keine Scheidung wünscht, doch seine Familie auch nicht mehr versorgt. Hier wird die Versuchung für die Frau, auf Unterhaltszahlung zu klagen oder die Scheidung einzuleiten, sehr groß, und auch hier hat die betreffende Glaubensgemeinschaft eine große Verantwortung, die Frau nicht nur von einer Scheidung abzuhalten, sondern ihr zugleich in ihrer finanziellen Not zu helfen.

Aber auch in dieser Not wollen wir – wie in Kapitel 2 dargelegt – bescheiden sein und dem ehetreuen Teil nicht ein Joch auferlegen, das er nicht tragen kann. Wir dürfen auch keiner doppelten Moral das Wort reden. Unter entschiedenen Gläubigen gibt es auch viele erfolgreiche Unternehmer, Fabrikanten und Kaufleute. Werden sie einen säumigen Kunden, der die Lieferung nicht bezahlt, ungeschoren lassen? Oder entspricht es nicht der Handhabung in solchen Kreisen, zumindest durch Mahnbescheid (früher Zahlungsbefehl) – also mit gerichtlicher Hilfe – Außenstände einzutreiben? Außenstände, deren Uneinbringlichkeit den Betrieb nicht erschüttern und die als nicht eintreibbar steuerlich abgeschrieben werden können, die also kaum von existentieller Bedeutung sind. Oder wie viele unserer Geschwister haben für ihr Auto eine Rechtsschutzversicherung abgeschlossen und wälzen damit das Risiko eines Haftpflichtversicherungsprozesses von sich ab und lassen ihn durch die Rechtsschutzversicherung führen?

Und nun die verstoßene ehetreue Ehefrau? Oft ist es die nicht berufstätige Mutter mit Kindern, die vom Scheidungsverfahren mit allem Unbekannten überrollt und überfordert wird. Für sie ist es eine Existenzfrage, wie ihr Unterhaltsanspruch für sie selbst und die Kinder, der vermögensrechtliche Zugewinnausgleich (daran hängt zuweilen ihr eigenes mit eingebrachtes Vermögen) und der Versorgungsausgleich geregelt werden.

Während wirtschaftlich und rechtlich erfahrenere gläubige Unternehmer die Freiheit haben, den Rechtsweg in Anspruch zu nehmen, soll der unerfahrenen, hilflosen, verunsicherten, aus dem seelischen Gleichgewicht geworfenen, unter der Trennung und Enttäuschung leidenden Schwester in Christo verwehrt sein, zur Ordnung der Trümmer des »ehelichen Konkurses« anwaltlichen Beistand in Anspruch zu nehmen, um dadurch ihre Rechte geltend zu machen und wenigstens noch etwas zu retten? Sagt nicht Paulus in 1. Korinther 6,6: »Sondern es rechtet Bruder mit Bruder.«? Handelt es sich hier nicht um eine Frage christlicher Freiheit? »Denn ihr seid zur Freiheit berufen worden, Brüder; allein gebrauchet nicht die Freiheit zu einem Anlass für das Fleisch« (Gal 5,13). Hat sich nicht Paulus, der in Philipper 3,20 schreibt, dass unser Bürgertum in den Himmeln ist, auf sein römisches Bürgerrecht berufen, als man ihn geißelte (Apg 22,25)? Festus sagte später zu ihm: »Auf den Kaiser hast du dich berufen, zum Kaiser sollst du gehen« (Apg 25,12).

Sicherlich sollte der ehetreue Ehegatte, wenn er anwaltlichen Beistand in Anspruch nimmt, den Rechtsanwalt unmissverständlich anweisen, dass die Auseinandersetzung fair und behutsam geführt wird, alles unter der Verantwortung, die noch offene Tür zur Versöhnung nicht mit einem Knall zuzuschlagen.

Wenn wir hier dem Bruder oder der Schwester in Christo, der/die an der Ehe festhält, eine völlig passive Rolle ohne Rechtsschutz empfehlen, könnte dann nicht der ungetreue, auf Scheidung drängende Ehegatte, der die Thesen dieses Buches zur Kenntnis nimmt, das Verfahren mit allen Nebenentscheidungen mit besonderer Rücksichtslosigkeit betreiben, weil er/sie – durch diese Schrift beruhigt – weiß, dass aus gewissensmäßigen und geistlichen Motiven von der anderen Seite kein Widerstand zu erwarten ist?

Wir kommen also zu dem Ergebnis, dass der ehetreue Ehegatte, der sich im Verfahren aus Gewissensgründen lieber übervorteilen lässt, wohl das bessere Teil erwählt hat und herrliche Erfahrungen mit dem Herrn macht nach dem Wort: »Trachtet aber zuerst nach dem Reiche Gottes und nach seiner Gerechtigkeit, und dies alles wird euch hinzugefügt werden« (Mt 6,33).

Andererseits wird der, der sich nicht zu dieser Glaubenshöhe aufschwingt und im Verfahren seine Rechte – angemessen und in christlicher Verantwortung – wahrnimmt, dies in der ihm geschenkten Freiheit tun dürfen, ohne dass wir ihm/ihr daraus einen Vorwurf machen können und wollen, nach dem Wort: »Also wird nun ein jeder von uns für sich selbst Gott Rechenschaft geben« und »Hast du Glauben? habe ihn für dich selbst vor Gott« (Röm 14,12.22).

Wenn also der Christ keinesfalls bei einer einverständlichen Scheidung mitwirken sollte, so bestehen aber keine Bedenken, dass der ehetreue Partner dem Gericht durch einen entsprechenden Antrag die Regelung der Scheidungsfolgen überlässt oder bei einer einverständlichen Regelung der Folgeentscheidungen mit anwaltlichem Beistand mitwirkt. Dadurch kann die beiderseitige Verhärtung gelöst, können die Beziehungen der geschiedenen Eltern zum Nutzen der »Scheidungswaisen«, der hin- und hergerissenen Kinder, entkrampft werden. Dies kann ein erster Schritt auf einem mühsamen, steinigen Weg zur Wiederannäherung sein.

Diese seelsorgerlichen Fragen sind für viele von uns Neuland. Viele kommen selbst aus intakten Familien mit »normaler« Vergangenheit. Es ist ein Zeichen unserer Zeit, dass viele Neubekehrte oft tiefe Spuren eines gottlosen Lebens aufweisen. Wir werden in der Gemeinde Jesu vermehrt Menschen begegnen, die vom Alkohol- und Drogenmissbrauch gezeichnet sind oder schon eine gescheiterte Ehe hinter sich haben oder auch von einem wüsten Leben der Ausschweifungen befreit worden sind. Sie sind nun errettet und nach 2. Korinther 5,17 eine neue Kreatur (Schöpfung). Ihnen in der rechten Weise zu begegnen erfordert Takt, Weisheit und Augenmaß, verbunden mit einer geistlichen Haltung, die wir uns nur vom Herrn erbitten können.

Kinder, Umgangsregelung und elterliche Sorge

Das Erschütterndste an einer Ehescheidung ist das Schicksal der Kinder. Selbst unschuldig an der ganzen Situation, verlieren sie einen Elternteil oder in der Praxis häufig beide. Was darüber hinaus an geistigem und psychischem Schaden angerichtet wird, ist kaum zu ermessen, und das gilt übrigens auch schon für die Zeit vor der Scheidung; Kinder merken sehr genau, dass es zwischen Vater und Mutter nicht stimmt.

Über folgende grundsätzliche juristische Regelungen sollte man informiert sein. Bis zum 1.7.1998 wurde bei Scheidungen vom Familiengericht auf jeden Fall darüber entschieden, welches Elternteil das Sorgerecht ausüben soll, bzw. ob es weiterhin von beiden Eltern ausgeübt werden soll. Seit dem 1.7.1998 wird die Regelung der elterlichen Sorge nicht mehr in jedem Scheidungsverfahren vorgenommen, vielmehr hängt es von den jeweiligen Eltern ab, inwiefern es zu einer gerichtlichen Entscheidung kommt. Ziel der Reform ist es, dem Kind möglichst beide Elternteile zu erhalten. Stellt keiner der Ehepartner einen Antrag hinsichtlich des Sorge- bzw. Umgangsrechtes, bleibt es bei der gemeinsamen Sorge auch nach der Scheidung. Im Fall der Scheidung wird dem Gericht lediglich eine übereinstimmende Erklärung abgegeben, dass von den Eltern keine Anträge zum Sorgerecht und zu dem persönlichen Umgang mit dem Kind gestellt werden.

Nach der Scheidung ändert sich jedoch die Ausgestaltung der gemeinsamen Sorge, da aufgrund der Trennung der Eltern gemeinsame Entscheidungen nicht mehr so leicht herbeizuführen sind wie in einer intakten Familie. Der Elternteil, bei dem das Kind mit Einwilligung des anderen Elternteils wohnt, darf alle Angelegenheiten des täglichen Lebens des Kindes alleine regeln und das Kind auch alleine vertreten. Entscheidungen von erheblicher Bedeutung bedürfen jedoch einer gemeinsamen Entscheidung beider Elternteile. Dazu gehört z. B. die Wahl der Schule und Berufsausbildung oder eine Operation.

In Notfällen kann natürlich jeder Elternteil Entscheidungen treffen, die keinen Aufschub dulden. Diese Möglichkeit wird in der Praxis gerade von solchen genutzt, die in gegenseitiger Übereinstimmung ihre Ehe beenden. Doch auch für Christen – die das nun gerade nicht wollen, sondern mit einem Scheidungsantrag ihres Ehepartners konfrontiert werden – liegt darin eine reelle Möglichkeit. Wenn auch die scheidungswillige Partei damit einverstanden ist, bleibt damit ja die gemeinsame elterliche Sorge bestehen, als wäre die Ehe überhaupt nicht gelöst; nun, das ist genau die Lage, wie die Schrift sie sieht, denn die richterliche Auflösung der Ehe hat vor Gott überhaupt keine Gültigkeit. Wenn eine juristische Ehescheidung nicht zu vermeiden ist, kann auf diese Weise wenigstens die gemeinsame elterliche Sorge noch fortbestehen, wie sie das auch müsste – allerdings müssen in gutem Einvernehmen eine Reihe Absprachen getroffen werden. Natürlich ist es eine besondere Aufgabe für geschiedene Partner, zusammen die elterliche Gewalt über ihre Kinder auszuüben, doch darin liegt wieder eine Möglichkeit eines ziemlich regelmäßigen persönlichen Kontaktes, und wer weiß, ob der andere nicht gewonnen wird!

Wenn die Eltern bei der Erziehung ihres Kindes miteinander agieren, fällt diesem der Kontakt mit dem jeweiligen Elternteil leichter, da es sich nicht „gezwungen“ fühlt Partei zu ergreifen. Es darf beide Elternteile lieben. Daher möchten wir an dieser Stelle das gemeinsame Sorgerecht empfehlen in all den Fällen, in denen es möglich ist, mit dem die Scheidung betreibenden Ehegatten reelle Absprachen zu treffen bzw. überhaupt eine dahin gehende Einigung herbeizuführen. Ist dies nicht möglich, kann jeder Ehepartner bei Gericht beantragen, dass ihm das Sorgerecht oder ein Teil davon alleine übertragen werden soll. Willigt der andere Elternteil ein, wird das Gericht dem Antrag in der Regel stattgeben, es sei denn, ein über 14 Jahre altes Kind widerspricht.

Erklärt sich der andere Elternteil mit der beantragten Regelung nicht einverstanden oder möchte selbst das alleinige Sorgerecht ausüben, so überprüft das Gericht, welche Regelung dem Wohl des Kindes am besten entspricht. Dabei kann es auch die Kinder persönlich anhören, wobei Kindern über 14 Jahren noch ein besonderes Mitspracherecht zusteht.

Steht das Sorgerecht einem Elternteil alleine zu, hat der andere Elternteil jedoch einen Anspruch auf das „Umgangsrecht", d. h. auf einen möglichst regelmäßigen Kontakt mit dem Kind. Nach der Reform 1998 ist dies nicht nur ein Recht des nicht sorgeberechtigten Elternteils, sondern primär ein Recht des Kindes.

Auf nähere und detaillierte Ausführungen verzichten wir an dieser Stelle, da kaum zwei Fälle gleich sind und viel von den jeweiligen Umständen des Einzelfalles abhängt. Im Rahmen unserer Ausführungen über die Haltung, die Christen einnehmen sollten, muss jedoch gesagt werden, dass eine Umgangsregelung mit dem anderen Elternteil nicht nur negative Seiten hat. Es ist der letzte Rest von Familie, der dem Kind noch geblieben ist, was viele Eltern bei ihren Handlungen häufig nicht wahrhaben wollen. Daher ist gerade bei der Ausgestaltung des Umgangsrechts viel Weisheit, Gebet und seelsorgerliche Beratung vonnöten. Christen sollten immer auf die Möglichkeit der Wiederherstellung ihrer Ehe bedacht sein. Eine Umgangsregelung gibt doch immer wieder die Möglichkeit eines persönlichen Kontaktes mit dem geschiedenen Teil. Einerseits ist das sehr schmerzlich; andererseits kann dadurch manchmal auf unerwartete Weise im Wohnzimmer ein Gespräch zustande kommen, wenn die Kinder gebracht oder abgeholt werden. Es ist zudem von größter Bedeutung, niemals im Beisein der Kinder die negativen Seiten der geschiedenen Partner auszubreiten. § 1684 Abs. 2 BGB schreibt vor, dass die Eltern alles zu unterlassen haben, was das Verhältnis des Kindes zum jeweils anderen Elternteil beeinträchtigt oder die Erziehung erschwert. Wenn die Scheidung einmal eine Tatsache ist, sind die Kinder häufig der letzte Verbindungsdraht auf persönlicher Ebene, und es ist gut, diesen Draht auch im Interesse und zum Schutz der Kinder so rein wie möglich zu erhalten.

Versöhnung

Man sollte es manchmal nicht für möglich halten, doch auch so kann eine Ehescheidung oder ein Ehescheidungsverfahren enden: mit Versöhnung.

Dieses Buch begann mit der Beschreibung von vier Fällen von Ehescheidung. Es ist ermutigend, daher auch zwei Fälle (nicht mehr: das Verhältnis liegt leider bei weitem nicht bei 50 %!) von Versöhnung zu nennen, und zwar aus jüngster Zeit und aus der nächsten Umgebung der Autoren.

Jakob hatte die eheliche Wohnung verlassen, um mit einer anderen Frau, einer Kollegin, zusammenzuwohnen. Zurück blieben seine Frau Lisbeth und seine drei kleinen Kinder. Gespräche mit Lisbeth waren möglich, doch Jakob war nicht zu erreichen, außer über seinen Rechtsanwalt. Die Scheidung wurde vollzogen. Doch einige Wochen nach dem Richterspruch nahm Jakob selbst Kontakt auf mit dem Sozialarbeiter, der Lisbeth begleitet hatte. Nun sind sie nach vielen Gesprächen wieder beisammen, und sie sind glücklich, wenn auch noch nicht alle Probleme aus der Welt geschafft sind.

Annette war zum Glauben gekommen, während Dirk, ihr Mann, nichts davon wissen wollte. Der christliche Glaube wurde schon bald zum Streitpunkt in ihrer Ehe, wobei gesagt werden muss, dass Annette auch nicht immer sehr taktvoll über ihren Glauben sprach. Der Streit nahm derart zu, dass es schließlich zur Scheidung kam. Doch nach gut einem Jahr geschah das Wunder: Dirk kam zum Glauben, er heiratete Annette aufs Neue, und die Familie wurde auf glückliche Weise wieder vereinigt.

Noch kurz einige Bemerkungen über die juristische Gestaltung einer Versöhnung. Nach einer Ehescheidung dauert es im niederländischen Recht mindestens ein Jahr, bevor die beiden früheren Ehegatten einander wieder heiraten können. Im deutschem Recht gibt es eine solche Wartezeit nicht. Die früheren geschiedenen Ehegatten können also sogleich wieder heiraten.

Wichtiger sind die seelsorgerlichen Überlegungen. Es ist etwas ganz Besonderes, wenn zwei Ehegatten einander wiedergefunden haben, doch die seelsorgerliche Hilfe endet damit nicht. Es ist für einen Neuanfang sehr wichtig, dass die Versöhnung in intensiven Gesprächen mit beiden Partnern besiegelt wird, wobei der Seelsorger sich vergewissert, dass die Dinge, die zur Trennung geführt haben, auch wirklich bekannt und von Herzen vergeben sind. Gemeinsam müssen die Fehler auch vor dem Angesicht Gottes bekannt werden, und auch gerade darin hat der Seelsorger eine Aufgabe. Das alles ist erst der Anfang. Es gibt eine lange Vergangenheit, es ist schon sehr viel geschehen und es wäre naiv, anzunehmen, dass beide von jetzt an keinerlei Probleme mehr miteinander haben werden. Die seelsorgerliche Begleitung muss daher fortgesetzt werden.

Das Ziel ist ja nicht nur, dass die Ehe formell gerettet wird, sondern wir dürfen nicht zufrieden sein, bevor auch diese Ehe wirklich ein harmonischer, liebevoller Lebensbund geworden ist, wie Gott ihn beabsichtigt hat.

Manchmal kann es sein, dass die Scherben endgültig sind: Einer der beiden Partner oder beide sind beispielsweise wieder mit einem anderen verheiratet. Wiederherstellung der Ehe gehört dann nicht mehr zu den Möglichkeiten, doch das nimmt nicht weg, dass auch dann die Dinge voreinander und vor Gottes Angesicht bekannt und vergeben werden müssen. Viel Weisheit und Einfühlungsvermögen ist erforderlich, um Menschen in solchen Situationen in einer guten Weise zu begleiten.

Möge Gott, der Schöpfer von Mann und Frau, der die Ehe eingerichtet hat, noch in vielen der leider so zahlreichen zerbrochenen Ehebeziehungen echte Wiederherstellung geben, zur Ehre seines Namens und zum Segen der Betroffenen.

Anmerkungen

1 Ed Wheat, Liebe ist Leben, Gerth Medien, Aßlar, 1986, 3. Aufl.

2 John Milton, *The Doctrine and Discipline of Divorce*, Kap. VI, Zitat bei M. W. E. Koopman, »Echtscheidingsrecht«, Zwolle 1986, S. VII.

3 LAT = *Living apart together*

4 Die Privatisierung der Ehe, Wuppertal 1986.

5 Das Wort »Ehebruch« ist eigentlich eine unglückliche Übersetzung des griechischen Worte *moicheia*. »Ehebruch« bedeutet buchstäblich, dass die »Ehe gebrochen« ist, doch das ist gar nicht der Sinn von *moicheia*. Dieses Wort bedeutet geschlechtliche Gemeinschaft einer verheirateten Person mit einer Person, mit der sie nicht verheiratet ist. Ob dadurch die Ehe »gebrochen« ist, wird durch dieses Wort *moicheia* nicht ausgesagt. Da im Deutschen keine andere Übersetzung für dieses Wort zur Verfügung steht, müssen wir leider das Wort »Ehebruch« benutzen, wie es auch die Elberfelder Bibelübersetzung tut.

6 J. Dupont, *Mariage et divorce dans l'évangile: Matthieu 19,3.12 et parallèles*; Desclée de Brouwer, Brugge 1959; William A. Heth & Gordon J. Wenham, *Jesus and Divorce: The Problem with the Evangelical Consensus*, Thomas Nelson Publ., Nashville/New York 1984.

7 J. Murray, *Divorce*, Presbyt. & Reformed Publ. Co., Phillipsburg, NJ, 1953, 1961.

8 Es ist gut, nebenbei zu bemerken – ohne ausführlich darauf einzugehen –, dass diese Überlegungen nichts von der Tatsache wegnehmen, dass Personen, die über lange Zeit sexuellen Umgang miteinander gehabt haben – man denke an »Zusammen-Wohnende« oder »LAT-Beziehungen« – *moralisch verpflichtet* sind, einander zu heiraten; nicht weil sie tatsächlich »vor Gott« bereits miteinander »verheiratet« wären – denn das ist nicht der Fall –, sondern aus moralischen Gründen der Treue und Verbundenheit.

9 Seit dem 1.1.2002 kann durch eine Änderung des Polizeigesetzes in NRW ein Hausverbot von bis zu 20 Tagen durch die Polizei erteilt werden.